영문법

GRAMMAR

ADJECTIVE, ADVERB, PREPOSITION,
SENTENCE STRUCTURE, CONJUNCTION

독립

형용사
부 사
전치사
문장구성
접속사

김경석 지음

신아사

머리말

이 책은 '영문법 독립: 동사, 명사'에 이은 '영문법 독립' 시리즈 2권으로 형용사, 부사, 전치사, 문장 구성, 그리고 접속사를 다루고 있다. 형용사와 부사 단원에서는 가장 근본적인 내용이지만 많은 학습자들이 아직도 정확히 알지 못하고 있는 두 품사의 사용 규칙을 먼저 다루고, 주요 단어 표현들의 쓰임새, 그리고 비교급을 다루고 있다. 전치사 단원에서는 전치사 다음에 필요한 요소와 우리말 간섭으로 인해 흔히 범하기 쉬운 전치사의 쓰임새, 그리고 주요한 전치사들의 의미와 사용 예를 중점적으로 다루고 있다. 문장 구성에서는 먼저 절과 문장의 차이점을 상세히 설명하고 있다. 그리고 완성형 문장이 되기에 필요한 요소들을 제시하였으며, 긴 문장을 제대로 이해하는데 있어서 꼭 필요한 관계절에 대해 상당한 분량을 할애하였다. 특별히 관계절과 관계대명사의 쓰임새에 관한 잘못된 상식을 바로 잡고자 노력하였다. 마지막으로, 접속사 단원에서는 완성형과 비 완성형 문장을 결정 짓는데 중요한 차이점을 지닌 접속사와 접속 부사를 자세히 비교하였다.

'영문법 독립' 1, 2권이 영문법의 모든 영역을 다루고 있지는 않지만 필수적으로 알아야 할 내용들의 상당 부분은 다루고 있다고 생각한다. 향후에 아직 다루지 못한 내용들을 집약한 책을 집필할 예정이다. 아무쪼록 이 책이 기존의 문법 지식을 한 단계 더 올려놓는데 보탬이 됐으면 하는 소망을 가져본다. 책이 출간되기까지 많은 도움을 주신 신아사 관계자 분들과 집필과정에서 많은 조언을 해준 김혜경, 정희정 선생님, 그리고 마지막으로 내가 지지치 않도록 언제나 든든한 버팀목이 되어주는 가족께 고맙다는 말을 전하고자 한다.

목차

I. 형용사/부사

II. 전치사

III. 문장구성

IV. 접속사

I

형용사 / 부사

1 우리말과 영어의 형용사, 그 차이점은?

우리말의 형용사와 영어에서의 형용사는 그 쓰임에 매우 큰 차이가 있다. 다음의 두 예시를 통해서 그 차이를 알 수 있다.

a. 그는 빠른 자동차를 가지고 있다. ⇨ He has a fast car.
b. 그는 빠르다. ⇨ He is fast.

a 문장에서는 우리말과 영어 형용사 모두 명사를 수식하는 공통점을 지니고 있다. 그런데 b 문장의 경우처럼, 우리말 형용사는 동사의 도움 없이 서술어로 쓰일 수 있는 반면에 영어에서는 동사를 꼭 사용해야 한다는 차이가 있다. 이러한 차이로 인해 초기 영어 학습자들에게서 다음과 같이 'be 동사'를 생략하는 경우를 종종 볼 수 있다.

c. ~~The desk too old now~~.
d. ~~When he young~~, he wanted to be doctor.

또 한 가지 큰 차이점은, 우리말에서 형용사는 명사를 수식할 때 명사의 앞에서만 하지만, 영어에서는 대부분의 형용사가 명사를 앞 또는 뒤에서 수식할 수 있다.

e. It is the only possible solution. ⇒ 그것이 유일한 가능한 해결책이다.
f. It is the only solution possible. ⇒ 그것이 유일한 해결책 ~~가능한이다~~.

한편, 영어에서 오직 명사를 뒤에서만 수식하는 형용사의 쓰임새가 있다. 명사 뒤에 형용사를 사용하여 굳어진 관용적 표현들과, 특정 명사 집단(something, everything, anything, nothing, somebody 등)의 뒤에서 형용사가 수식하는 표현들은 다음의 예와 같다.

g. secretary general(사무총장), president elect(대통령 당선인), court martial(군법회의), body politic(정치 단체) 등의 표현은 형용사를 뒤에 위치하는 관용어들이다.
h. I heard something interesting today. ← ~~interesting something~~
i. He couldn't think of anything satisfactory for her birthday.
← ~~satisfactory anything~~

2 형용사의 역할과 사용 규칙

영어에서 형용사는,

1. 명사를 수식하여 그 명사에 좀 더 구체적인 뜻을 부여한다. "I ate a massive meal." 문장에서 massive 단어를 통해 meal의 구체적인 내용을 알 수 있다.

2. be, become, feel과 같은 동사 다음에 쓰여 주어에 대한 정보를 제공하는 보어의 역할을 한다.

   a. He was angry but pretended to be calm.
   b. I am proud of my school.
   c. Nobody felt happy about it at all.

3. 동사, 다른 형용사, 부사를 수식하지 않는다.

   d. 동사를 수식하는 역할은 부사가 한다.
   - ~~She ate her lunch quick.~~ ⇨ She ate her lunch quickly.
     ⇨ She ate a quick lunch.

   e. 명사 앞에 여러 형용사를 나열하는 경우, 각 형용사는 명사를 수식하는 역할을 하며, 앞의 형용사가 다음의 형용사를 수식하지는 않는다.
   - That's a lovely old cabinet.

   f. 형용사는 부사를 수식하지 않는다.
   - ~~He is a nice really person.~~ ⇨ He is a really nice person.

4. 일부 형용사는 명사를 수식하는 역할을 하기 보다는, 주어와 보어를 연결시켜주는 역할을 하는 동사(예 be, become, feel) 다음에 주로 쓰인다.

afraid, alive, alone, asleep, aware, content, due, glad, ill, ready, sorry, sure, unable

g. ~~She is an alone woman.~~ ⇨ She is alone.
h. I'm not quite sure about it.
i. He felt glad to be home again.

3 형용사 + 전치사

Be, become, feel처럼 동사 다음에 쓰여 주어에 대한 정보를 제공하는 형용사들을 크게 두 종류로 나눌 수 있다. 아래 a~b 문장의 형용사처럼 단독으로 사용할 수 있는 것들과, c~d 문장의 형용사처럼 단독으로는 사용할 수 없고 전치사구와 함께 사용하는 부류로 나눌 수 있다.

a. They were generous.
b. He felt nervous.
c. She was unaware of the secret behind the success.
d. I am not accustomed to this strange keyboard.

c~d 문장의 형용사처럼 단독으로 사용할 수 없는 형용사들은 몇 개 되지 않지만 영어에서 그 사용 빈도수는 매우 높다.

aware of, accustomed to, fond of, unaccustomed to, unaware of, used to

그런데 위 a~b 문장의 형용사처럼 단독으로 사용할 수 있는 형용사들 또한 전치사구와 어울려 사용하는 경우도 있다. 형용사들마다 뒤에 이어지는 전치사가 각기 다른데 공통점을 찾아 분류해보면 다음과 같다.

afraid, ashamed, critical, envious, jealous, proud, scared, terrified, tired	of	(앞 형용사의) 감정을 지니게 된 원인

e. She was ashamed of her behavior at the meeting.
f. I was absolutely terrified of deep water.

difficult, easy, essential, important, necessary, possible, (un)usual	for	(앞 형용사가) 이 사람 또는 물건과 관련된 특징을 제시

g. It is necessary for the group to work together.
h. It is unusual for him to come punctually.

4 부사의 역할과 사용 규칙

영어에서 부사(adverb)는,

1. 시간, 방법, 위치, 정도(degree), 또는 사건이나 행동의 빈도수(frequency)를 나타내며 동사, 형용사, 부사를 수식한다.

   a. He got up early for the meeting.

   b. She dances graciously.

   c. That was a quite easy question.

   d. They usually play tennis on Saturday.

   e. Mail is delivered twice daily.

2. 부사는 일반적으로 동사 뒤(빈도부사 등 예외), 형용사 앞, 다른 부사 앞에 위치한다. 그런데 동사가 목적어를 가질 때는 통상적으로 부사는 목적어 뒤에 온다. 하지만, 강조의 효과를 위해서는 동사 앞 또는 문장 처음에 위치하기도 한다.

   f. Janet made her choice immediately. ➜ 목적어 뒤

   g. He deliberately refused the offer because it wasn't feasible.

   h. Slowly, he opened the book. ➜ 부사를 강조하기 위해, 문장 앞에 위치

Important

장소 부사를 문장 앞에 사용할 때, 평서문에서 주어와 동사를 도치시킨다.

예) There stood a tall tree.

3. 부사는 명사를 수식하지 않는다.

   i. ~~He is a quietly man.~~ ⇨ He is a quiet man. ➜ 형용사가 명사 수식

   j. ~~The law encourages more carefully driving.~~ ⇨ ... careful driving

4. 부사와 형용사의 형태가 같은 경우도 있다. 예 loud, fast, high, next, back, little, hard, ill, best, quick, early, only, enough, much 등.

   k. I heard a loud noise. ➜ 형용사

   l. They talked loud. ➜ 부사

   m. She lives next door. ➜ 형용사

   n. When I next see him, I will introduce myself to him. ➜ 부사

5 부사 역할을 하는 표현들

영어에서 부사의 역할을 하는 것은 한 단어로 된 부사이외에, 두 단어 이상의 구(phrase) 형태를 지닌 여러 표현들이 있다. 이들 모두를 일컬어 부사어(adverbial)라고 한다. 앞에서 다룬 부사를 제외한 나머지들을 각각 살펴보자.

1. 부사구(adverb phrase): 하나의 부사가 또 다른 부사 혹은 다른 보조적인 표현들과 어울려서 구 전체가 부사의 기능을 한다.

a. He didn't study hard enough to pass the exam.
b. They lived happily ever after.
c. Quite frankly, I was surprised when I saw that.
d. Unfortunately for me, I started to be sick.
e. He plays really well for a beginner.
f. She was very nearly there.

2. 전치사구(prepositional phrase): 전치사와 목적어로 구성되어 장소, 시간, 방법, 목적에 관한 정보를 제공한다.

g. She parked her car near the park. ➜ 장소
h. He was born on February 2, 1999. ➜ 시간
i. She opened the box with delight. ➜ 방법
j. Jack bought the flowers for his mother. ➜ 목적

3. 명사구(noun phrase): 시간, 거리, 무게를 나타내는 명사구가 부사어의 역할을 하는데, 동사의 목적어 위치를 차지하는 경우가 종종 있다.

k. I will see you next week.
l. She couldn't attend the meeting this morning.
m. He said he was 65 years old. ➜ 명사구가 부사어로 형용사 수식

n. I ran five miles.
o. David could see just 10 yards in front of him in the fog.
p. I am trying to lose(동사) a few pounds(목적어) before the wedding.

6 형용사 vs. 동사

1. 동사로 착각하기 쉬운 형용사

late distinct moist similar aware strict entire rare severe

a. ~~Jenny lated for the class three days in a row.~~

⇨ Jenny was late for the class three days in a row.

b. ~~The weather distincted from the previous day.~~

⇨ The weather was distinct from the previous day.

c. ~~I awared the problem thanks to his help.~~

⇨ I became aware of the problem thanks to his help.

2. 형용사로(또는 형용사로만) 착각하기 쉬운 동사

lack tire dry idle calm cool wet empty long quiet rough

위의 단어 중에서 lack은 동사 그리고 명사로만 사용할 수 있다. 하지만 형용사로 사용하는 오류를 종종 볼 수 있다.

d. ~~His leadership is lack of creativity and imagination.~~

⇨ His leadership lacks creativity and imagination.

⇨ His leadership is in lack of creativity and imagination.

tire, dry, idle, calm, cool, wet 같은 단어들은 동사와 형용사로 사용할 수 있지만 단순히 형용사로만 생각하는 경우가 많다. 특히 tire 같은 경우 형용사형인 tired로만 사용이 가능한 것으로 생각해, 동사형인 tire는 낯설어하는 경우가 많다.

e. Nicky was deadly tired after the long journey to New York. ➜ 형용사

f. Driving from Miami every day tires me out. ➜ 동사

g. His one day of blog reading has tired him. ➜ 동사

h. Eboni covered his head with a towel and patted his hair dry. ➜ 형용사

i. Tom dried his hair with a towel. ➜ 동사

j. She had her hair dried with the dryer. ➜ 동사

7 형용사가 동사를 수식하는 경우

영어 학습자들의 생각에 뿌리 깊이 박혀있는 규칙 중의 하나는 다음과 같다: "동사를 수식할 때는 부사 사용" 대체적으로 이 규칙을 적용하지만 모든 경우에 통하지는 않는다. 일상에서 많이 쓰이는 동사 중에서 형용사를 필요로 하는 경우도 있는데 가장 대표적인 경우를 살펴보자.

1. be 동사

a. They are nice and kind.

b. The guideline is simple.

2. 지각동사: feel, look, sound, taste, smell 등으로 '느끼다, 보이다, 소리 나다, 맛이 나다, 냄새 나다' 등 자동사로 쓰이는 경우

c. She feels sick.

d. He looks pale.

e. Everything smells and tastes terrible.

3. seem, appear

f. It seems clear to me.

g. He appears sad.

위의 세 가지에 덧붙여 '특정 시점의 주어 상태를 묘사'하거나 '주어의 상태 변화를 묘사'하는 다음의 동사들도 형용사를 수반한다.

become, get, go, turn, fall, sit, stand, lie

h. Everything becomes interesting when we gather together.

i. It is getting warm.

j. His face turned red.

k. He sat motionless, waiting for the result.

l. The village street lay peaceful in the early morning.

사역동사를 사용하여 목적어를 특정한 상태(동작이 아님)에 이르게 하는 문장의 경우 목적어 다음에 형용사를 사용한다.

m. Her story made me happy.

n. Don't let him tired.

o. It looks like you already had it transparent.

8 V-ed 형용사 vs. V-ing 형용사

a. He got exhausted after the marathon.
b. The satisfied customer thanked the manager.
c. Her smile was charming.
d. Increasing prices are making living conditions harsh.

영어의 형용사 중에는 동사의 V-ed형태나 V–ing형태를 지니는 경우가 있다. 위의 a~b 문장에서처럼, 어떤 사람이 스스로 느끼는 감정을 언급할 때는 동사의 과거분사(V-ed 또는 불규칙 동사인 경우는 다른 형태)를 형용사로 사용한다. a 문장에서는 '마라톤 후에 몹시 지친' 그 사람의 감정을 나타내고 있다. b 문장에서는 '감동받은' 고객의 감정을 표현하고 있다. V-ed형태의 예를 더 보면,

e. Donna looks worried after hearing the news.
f. I am pleased with everything they do.
g. The bored audience fell asleep during the lecture.

V-ing형태의 형용사는 두 가지 경우에 사용한다. 첫째, 어떤 사물(사건)이 사람의 감정에 미치는 영향을 언급할 때 V-ing형태의 형용사를 사용한다. c 문장을 말하는 사람은 '그녀의 웃음'이 매력적이라고 느낀다. 둘째, 어떤 상황이 일정 기간 지속될 때 사용한다. d 문장의 경우 '물가가 지속적으로 오르고 있음'을 의미한다. V-ing형태의 예를 더 보면,

h. The movie was so boring that I nodded off. ➜ 영화로 인한 감정
i. This is the most interesting story I've ever read. ➜ story에 대한 감정
j. Japan is an ageing society. ➜ 상황의 지속
k. I tried to save the dying plant. ➜ 상황의 지속

Important

V-ing 형용사의 경우 어떤 사물(사건)이 사람의 감정에 미치는 영향을 언급할 때 사용하며, 또한 어떤 사람의 성격 자체나 그의 행동이 타인에게 영향을 미칠 때도 사용한다.

- He is really interesting. ⇒ 그는 매우 '재미있는' 사람이다.
- Her reaction was quite embarrassing.

9 형용사의 순서

우리말에서 명사를 수식하는 형용사들의 순서와 영어에서의 순서는 많은 차이가 있다. 우리말의 경우 형용사를 나열하는데 특별한 순서가 없다. 가령, '크고 예쁜 집'이라고도 하고 '예쁘고 큰 집'으로 쓰기도 한다. 하지만 영어에서는 'a beautiful big house'라고 한다.

◇ 영어 형용사의 배열 규칙

1. 주관적 형용사 먼저 그리고 객관적 형용사

글쓴이의 주관적 평가나 감정을 나타내는 형용사(예 excellent, nice, great, bad, terrible)를 먼저 쓴다. 그리고 객관적으로 사실 여부의 입증이 가능한 형용사를 나중에 쓴다. 예를 들어, an interesting short film에서 영화가 흥미 있는지는 글쓴이의 주관적 평가이며 짧은 것은 영화상영시간을 통해 다른 영화와 객관적으로 비교가 가능하다.

2. 주관적인 형용사가 여러 개일 때

주관적 형용사가 여러 개일 경우에는 그들 사이에 특별히 정해진 순서가 없으므로 자유롭게 나열할 수 있다. 즉, nice beautiful 또는 beautiful nice라고 하면 된다.

3. 객관적인 형용사가 여러 개일 때는 다음의 순서로 나열한다.

①크기 ②길이 ③넓이(폭) ④모양 ⑤상태 ⑥나이 ⑦색 ⑧출처 ⑨재료

- That's a lovely(주관적) old(나이) red(색) cabinet
- a little(크기) fat(모양) black(색) cat
- a small(크기) tall(길이) narrow(넓이) bookcase
- a great(주관적) new(나이) golden(재료) key
- an old(나이) black(색) Italian(출처) leather(재료) jacket
- a long(길이) wide(넓이) rectangular(모양) dirty(상태) Egyptian(출처) silk (재료) carpet

⚠ 많은 형용사를 명사 앞에 나열하는 것이 바람직한가?

일상적으로 네 개 이상의 형용사를 나열하여 명사를 수식하는 경우, 상대방이 정보를 처리하는데 많은 부담을 준다. 따라서 형용사를 더 언급하고 싶으면 또 다른 문장에서 사용하는 것이 바람직하다.

10 명사를 수식하는 다른 표현들

명사를 앞에서 수식할 수 있는 표현에는 앞에서 언급한 주관적/객관적 의미의 형용사 이외에 관사(a/an, the), 수량사(many, much, all 등), 지시사(this, that, 등) 등으로 불리는 여러 종류의 한정사(determiner)들이 있다. 이들은 주관적/객관적 의미의 형용사 이전에 사용하는데, 이들의 나열 규칙은 난이도가 높아 학습자들이 습득하는데 어려움이 있다. 궁극적으로 그러한 표현들에 자주 접해서 간접적으로 터득하는 방법밖에 없다.

한정사의 배열순서		
①	②	③
all, both, double, each, twice	a/an, the, any, every, some, my, your, their, this, that, those	many, much, few, little, more, most, one, two, first, second, next, another

위의 한정사들을 사용할 때 우리말의 간섭으로 인해 오류가 많이 발생하는데, 전형적인 오류 문장들을 통해서 위 표현들의 순서를 알아보자.

a. 내 모든 친구들이 내 생일 파티에 왔어.
➜ ~~My all friends came to my birthday party.~~
⇨ All my friends came to my birthday party.

b. 첫 번째 그 집이 맘에 들어.
➜ ~~I like the first that house.~~ ⇨ I like that first house.

c. 이 목록은 앞으로 행해야 할 다음 몇몇 단계를 다루고 있다.
➜ ~~This lists deals with next some steps to take.~~
⇨ This lists deals with some next steps to take.

d. 그 모든 관객들이 웃었다.
➜ ~~The all audience laughed.~~ ⇨ All the audience laughed.

한편, 다음의 경우는 한글을 영어로 그대로 옮긴 결과, 한정사의 순서가 위 규칙을 따르고 있음에도 부자연스런 문장으로 여겨지는 경우로 다른 표현방식이 필요하다.

• 나의 또 다른 친구가 내가 어떻게 지내는지 알아보려고 전화를 걸었다.
➜ ~~My another friend called me to see how I was doing.~~
⇨ Another friend of mine called me to see how I was doing.

11 Enough

1. enough의 위치에 대해 알아보자.

adjective/adverb + **enough** + noun

형용사 그리고 부사로도 사용할 수 있는 enough가 형용사, 부사, 또는 명사와 어울려 쓰일 때, enough의 위치는 위 박스처럼 알파벳의 순서 a > e > n을 기억하면 된다. 즉 형용사 또는 부사 다음에 또는 명사 앞에 위치한다.

a. I am not old enough to know everything about the world.
b. A lot of people want to be rich enough so that they don't have to work every day. ➜ 형용사 다음
c. We can have a meeting tomorrow if you feel well enough.
d. When baseball players hit the ball hard enough, their bats can sometimes break. ➜ 부사 다음
e. Tom doesn't have enough courage to meet the challenges.
f. We had enough chances to win the game but we blew them off. ➜ 명사 앞

2. 대명사로서의 enough

위 문장들에서 enough는 형용사나 명사 등을 수식하고 있다. 그런데 enough가 다른 표현을 수식하지 않고 단독으로 쓰이는 경우도 있는데, 충분한 양 또는 숫자(adequate quantity or number)를 뜻하는 대명사의 역할을 할 때이다.

g. Some more dressing on your salad, or have you had enough?
h. Enough has been said about the problem and its solution.
i. Enough is enough. ⇒ 그 정도면 충분하니 이제 그만.

12 Too ~ To

1. too의 품사는?

enough와 다르게 too는 부사로만 사용할 수 있다. 즉 형용사 또는 다른 부사는 수식할 수 있지만 명사를 바로 수식할 수는 없다. 명사를 수식하고자 할 때는 형용사의 도움을 받아야 한다.

a. ~~You have too decisions to make.~~
⇨ You have too many decisions to make.
b. There was too much snow to play soccer.
c. It was too hot a day to cut grass. = It was too hot to cut grass.

2. 부정적 의미

too는 부정적인 의미인 '지나치게(excessively, more than enough)'를 뜻한다. 따라서 부정어와 함께 사용하게 되면 이중부정이 된다. 이중부정의 문장은 의미파악이 쉽지 않아 일상생활에서는 잘 사용하지 않으므로, 의도적으로 사용하는 경우를 제외하고는 피하는 것이 좋다.

d. ~~He is not too shy to be an entertainer.~~
⇨ He is so outgoing that he can be an entertainer.
⇨ He is bold enough to be an entertainer.

다만 아래의 문장들처럼, 특별히 강조나 비유의 목적을 위해서는 사용할 수 있다.

e. You're not too young to get married and start a family.
f. It is never too late to say you're sorry.

3. to 다음의 동사가 타동사일 경우 유의할 점

일반적으로 타동사 다음에는 목적어가 따르지만, 'too ~ to+타동사'인 경우 앞의 주어를 지칭하는 목적어를 필요로 하지 않는다.

g. ~~The problem is too big to handle it.~~ ➜ it은 the problem을 지칭
⇨ The problem is too big to handle.
h. ~~The bag was too heavy for me to lift it.~~
⇨ The bag was too heavy for me to lift.

13 Only

a. He is the only son in his family.
b. He only washed the dish.

'Only'는 형용사와 부사로서 사용할 수 있는데 각각의 경우 많은 의미차이를 지니고 있다. 위의 두 문장을 우리말로 번역하면, only가 형용사로 사용된 a 문장은 "그는 가족에서 유일한 아들이다" 그리고 부사로 사용된 b 문장의 경우 "그는 단지 그릇을 씻었다"로 옮길 수 있다.

◇ 형용사로 사용할 때

only를 형용사로 사용할 때 '유일한' '단 하나의' 뜻을 지니는데 영어의 동의어로는 'single'을 들 수 있다. 그리고 다른 형용사들과 마찬가지로 명사를 수식하는 역할을 한다.

c. The only one who is close to the truth is my mom.
d. I was the only student who asked a question.
e. My only complaint is that the price is too expensive.

◇ 부사로 사용할 때

부사로는 아래와 같이 크게 네 가지 뜻으로 사용이 된다. 그리고 다른 부사들과는 달리 명사(구)를 수식할 수 있으며(예 f, j, k) 명사 앞에 위치한다.

1. 숫자와 관련된 상황에서 '더 많거나, 적은 수가 아닌(no more than)'의 뜻을 지닌다.
   f. There were only four at the conference.
   ⇒ (4명보다 위/아래가 아닌) 단지 4명만이 회의에 참석했다.
2. 시간과 관련된 상황에서 '~에 이르러서야'의 뜻을 지닌다.
   g. She is only coming on Saturday. ⇒ 그녀는 토요일쯤에야 올 것이다.
3. 특정 상황에 대해 사람이 '~하지 않을 수 없음'을 나타낸다.
   h. Visitors to the farm can only wonder at its enormous size.
   ⇒ 농장 방문객은 그 엄청난 규모에 놀라지 않을 수 없다.
4. '바람직하지 않은 결과'를 나타낼 때 쓰인다.
   i. Don't go and see the exhibition. You'll only be disappointed.

Important

부사로서 주어 명사(구)를 수식할 때, only는 명사(구) 앞에 온다.

- Only I saw her singing in the garden.
- Only a small number of restaurants are open till 11 p.m.

14 as ~ as: 동급 비교

동급 비교란 비교 대상인 두 주체가 동일한 상황, 조건, 상태에 있을 때 사용하는 구문이다. 통상적으로 'A as 형용사 as B'처럼 암기하는 경우가 많은데, 형용사이외에 여러 품사의 표현들을 사용할 수 있다. 가장 중요한 것은 비교급 형태가 아닌 원급(단어의 기본 형태)을 사용한다는 점이다.

1. A as 형용사 또는 부사 as B

   a. I am as fast as he is.

   b. We examined it as carefully as we could.

   c. ~~We examined it as more carefully as we could.~~

2. A as much as B: A, B 절에 있는 동사의 정도가 동일할 때

   d. The shoes cost as much as the pants.

   ➜ B절의 동사가 A절의 동사와 일치할 때는 생략가능

   e. They used to like pizza as much as they do now.

   f. ~~They used to like pizza as more as they do now.~~ ➜ more는 비교급

3. A as many/much + 명사 as B: A, B절의 주어가 동일한 수나 양의 명사를 가질 때

   g. This TV has as many features as the other one.

   h. Men spend nearly as much money on shoes as women.

4. A as 형용사 + 관사 + 명사 as B: 동일함의 대상이 되는 명사구 표현이 'a serious problem'처럼 '관사+형용사+명사'일 때, as ~ as 표현에서는 그 순서를 '형용사+관사+명사'의 순서로 배치한다.

   i. Overpopulation is as serious a problem as climate change.

   j. ~~Overpopulation is as a serious problem as climate change.~~

⚠ as ~ as의 부정문은 not as ~ as 또는 not so ~ as로 표현

- I am not as fast as he is.

  ➜ '그 만큼 빠르지 않다' 즉 '그가 더 빠름' = He is faster than I am.

- The shoes don't cost so much as the pants.

  ➜ 바지가 더 비쌈 = The pants cost more than the shoes.

- This TV doesn't have so many features as the other one.
- Overpopulation isn't as serious a problem as climate change.

15 비교급, Part 1

형용사 또는 부사의 비교급 형태는 1음절 단어인 경우에는 단어 끝에 –er을 붙이고 2음절 이상인 경우에는 more를 단어 앞에 사용하는 것이 기본적인 원칙이다. 하지만, 예외가 많은 관계로 가장 확실한 방법은 사전을 참고하는 것이다. 대표적인 예외로, 2음절 단어 중에서 –y로 끝나는 경우 –ier을 사용한다. 일상생활에서 많이 쓰는 단어들 중에서 기본 원칙에서 벗어난 예를 들면,

big	bigger	happy	happier
clever	cleverer	ill	worse
good	better	old	older(나이)/ elder(순서)
bad	worse	quiet	quieter
badly	worse	thin	thinner
easy	easier	well	better
far	farther/further (둘 다 거리, 순서에 사용)		

a. In most people, the left hemisphere is bigger than the right one.

b. To me, sunny weather is better than rain.

c. The risk of drinking is much worse than we think. ➜ bad의 비교급

d. I did worse in the exam than Tom. ➜ badly의 비교급

e. Tom ran farther than Bill.

f. Asphalt pavements tend to be quieter than concrete pavements.

g. Sue has played better than anyone could have imagined.

다음은 비교급 문장에서 매우 자주 쓰이는 단어들로 명사 앞에서 수식하거나 또는 대명사로 쓰이면서 독특한 비교급 형태를 취한다.

little ⇨ less, many ⇨ more, much ⇨ more, few ⇨ fewer

h. A shower uses less water than a bath. ➜ 명사 수식하는 little의 비교급

i. They are struggling to spend less. ➜ 대명사로서 little의 비교급

j. Australians want more children than they have. ➜ many의 비교급

k. They were given more food than they need. ➜ much의 비교급

l. David makes fewer grammatical mistakes than the average person.

16 비교급, Part 2

비교급의 than 이하 표현과 관련하여 다음과 같은 질문을 자주 볼 수 있다.

• 다음 중에서 문법적으로 올바르지 않은 것은?
① He is taller than I am.　② He is taller than I.
③ He is taller than me.　④ He is taller than I am tall.

하지만, 위 네 가지 표현 중에 문법적으로 틀린 것은 없다. 격식과 빈도수의 차이만 있을 뿐 모두 올바른 표현이다. 가장 격식 있는 표현은 ④번이며 다음은 ① → ② → ③의 순이다. than이하에서 주어만 다르고 나머지는 앞 절과 동일하더라도 다시 반복하는 것이 가장 격식 있는 표현으로 여겨진다. 사용 빈도수는 그 반대의 순서이다. 따라서 특별히 격식을 필요로 하는 경우가 아니라면 ④번을 제외하고 자신이 선호하는 것을 사용하면 된다.

비교급으로 최상급의 의미를 표현할 수 있는데 다음의 형식을 사용하면 된다:

주어 + 동사 + 비교급 + than + 주어를 제외한 나머지 전부를 지칭하는 표현

a. He is taller than any other boy in the class.
b. He is taller than any other boys in the class.
c. He is taller than any of the other boys in the class.

위 세 문장은 각각 He를 제외한 나머지 전부를 지칭하는 서로 다른 표현을 사용하고 있는데 모두 문법적이며 어느 표현을 사용하느냐는 전적으로 사용자에게 달려있다. other를 위 문장들에서는 형용사로 사용하고 있는데, 명사로서 사용할 경우에는 다음과 같이 표현할 수 있다.

d. Our product is better than any other.
e. Our product is better than any others.

⚠ all을 사용할 경우에는 복수 표현만 가능하다.

• Our product is better than all other products in the market.
• Our product is better than all others in the market.
• Our product is better than all the others in the market.

17 The + 비교급, the + 비교급

'~하면 할수록 ~하다'의 의미를 나타내는데 필요한 구문은 'The+비교급, the+비교급'으로 아마도 모든 학습자들이 'The sooner the better.' 문장을 가장 먼저 떠 올릴 것이다. 그리고 'the+형용사의 비교급, the+형용사의 비교급'처럼 암기한 경우가 대부분이라고 본다. 하지만 아래에 주어진 문장들처럼 그 구성 요소와 표현 방법은 아주 다양하다.

1. The + 형용사의 비교급 + 주어 + 동사, the + 형용사의 비교급 + 주어 + 동사
   a. The older we grow, the wiser we become.
   b. The later it is, the colder it gets.

2. The + 부사의 비교급 + 주어 + 동사, the + 부사의 비교급 + 주어 + 동사
   c. The more softly you speak, the more easily they will understand.
   ➜ 부사 softly와 easily가 2 음절인 관계로 more를 활용한 비교급

3. The + more/less + 주어 + 동사, the + more/less + 주어 + 동사
   d. The less you spend, the more you save.
   ➜ 동사 spend와 save의 '더 많거나 적음'을 나타내기 위해 more와 less를 사용.

4. The + more/less + 명사 + 주어 + 동사, the + more/less + 명사 + 주어 + 동사
   e. The more followers I gained, the more pressure I felt.
   ➜ 명사 followers와 pressure의 '더 많거나 적음'을 나타내기 위해 more 또는 less 사용 가능.

⚠ 위 문장들은 좌우에 같은 품사의 비교급을 사용하고 있는데, 서로 다른 품사의 비교급을 사용할 수도 있다.

- The sooner they go, the better it is.
  ➜ 부사(soon)의 비교급 + 형용사(good)의 비교급
- The more often I see the car, the more I like it.
  ➜ 부사(often)의 비교급 + 동사(like)의 비교급

⚠ 위에 주어진 모든 예시들은 각 절에서 '주어+동사'를 포함하고 있는데, '동사'의 경우 문맥상 무엇인지 명백한 경우 생략할 수 있다. 또한 'The sooner the better'처럼 '주어'도 추론이 가능한 경우는 '주어+동사'를 모두 생략할 수 있다.

- The richer one grows, the greater one's worries (are).
- The more expensive the restaurant (is), the better the service (is).

18 최상급

셋 이상을 비교하여 그 중에서 '가장 ~ 함'을 나타낼 때 최상급을 사용한다. 형용사 또는 부사의 최상급 형태는 다음 형식이 기본 원칙이지만 예외가 많은 관계로 가장 확실한 방법은 사전을 참고하는 것이다.

- the + 1음절 단어인 형용사/부사-est
- the + most + 2음절 이상인 형용사/부사

a. David is the tallest of them.
b. Today is the hottest day of the year.
c. The report says that Finland is the happiest country in the world.
d. Even the most careful person makes an obvious mistake.
e. This is the most beautiful garden I've ever seen.
f. We treat the most critically injured patients first.

⚠ 형용사나 부사의 최상급 표현에서 the를 포함하지 않는 예를 자주 접할 수 있다. 이 경우는 3가지 이상의 구체적인 비교 대상을 두지 않고, 영어의 'very'에 해당하는 '매우 ~ 함을' 의미할 때 쓰인다.

- I found that the book provides most useful information.
  → 몇 권의 책을 염두에 두고 비교하는 것이 아니라, 그 책 자체가 매우 유용한 정보를 제공함을 언급.
- He is most efficient when he makes cakes.
- The pond is deepest here.
- ~~He is perhaps physically strongest in the class~~.
  → 학급 내에 비교할 수 있는 구체적인 대상이 있으므로, 이 경우에는 the를 사용하는 것이 올바르다.

⚠ by far, much, quite, simply 등을 최상급 표현 앞에 사용하여 형용사나 부사의 의미를 더욱 강조할 수 있다.

- This melon is by far the ripest of all.
- This is quite the most seriously delicious chocolate in the world!
- One vote for one person is simply the best system.

19 빈도부사의 위치, Part 1

빈도부사는 어떤 일이 일어나는 횟수를 나타낼 때 쓰는 부사로 다음의 단어들이 해당한다.

always, ever, frequently, hardly, never, normally, occasionally, often, rarely, seldom, sometimes, usually

이 부사들의 위치는 크게 두 원칙에 따른다: 1) 일반동사의 앞에; 2) be 동사의 뒤에.

a. I usually shop on Friday nights.
b. Janet very rarely wears jewelry.
c. People often feel hungry in the middle of afternoon.
d. David is always late for work.
e. This is never to happen again in my life.
f. The waiting time was occasionally more than one hour.

⚠ 앞에서, 'be, become, get, appear, seem'과 같은 동사들은 주어와 다음에 이어지는 보어를 연결해주는 연결동사로 다루었다. 하지만, 빈도부사와 같이 어울려 사용할 때는 be 동사와 나머지 동사들은 달리 취급해야 한다. 즉, 'be+빈도부사' 순서인 반면에, '빈도부사+become, get, appear, seem'의 순서이다.

- It sometimes become quite a problem.
- I often get the feelings of being lonely even when in a group.
- My cat usually seems happier than me.

⚠ 문장에서 be 동사를 강조할 때는 be 동사 앞에 빈도부사를 사용할 수 있다.

- A: Are you tired?
  B: I always ám at this time of the day. ⇨ 항상 그러함을 강조.
- They usually áre very passionate about software development.

하지만, 일반동사를 강조할 때 빈도부사를 일반동사 뒤에 위치하는 경우는 찾아볼 수 없다.

20 빈도부사와 위치, Part 2

조동사를 포함한 문장에서 빈도부사의 위치는 조동사 다음에 위치한다. 조동사가 여러 개 있을 때는 첫 번째 조동사 다음에 위치한다. 이 원칙은 조동사의 숫자에 상관없이 적용한다.

a. Applicants must (never) have been convicted of a crime.

must	never	have	been	convicted
1	2	3	4	5

1 = 필요를 나타내는 조동사
2 = 빈도부사
3 = 완료형에 필요한 조동사
4 = 수동태에 필요한 조동사
5 = 본동사

b. You can always come and see our new inventions.
c. Have you ever done bungee jumping?
d. I don't like those who are frequently complaining about this place.
e. He might sometimes have wanted to have his own business.
f. No money will ever have been spent on defending the case.

⚠ 상대방이 한 말이나 자신이 한 말의 일부분을 다시 반복하고 싶지 않을 때, 생략을 하는 경우가 많다. 특히 조동사를 사용한 문장의 경우 조동사를 제외하고 나머지 전부를 생략할 수 있는데, 이 경우에는 빈도부사의 위치를 달리한다. 즉, 조동사 다음이 아닌 앞에 위치시킨다.

- A: Are you working on Fridays?
  B: I always am. ⇦ I am always working on Fridays.
- I don't like raw fish. And I never will. ⇦ I will never like them.

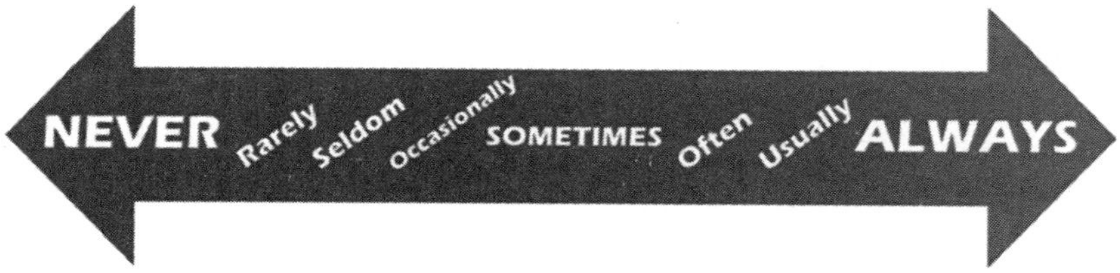

21 Hardly

부사 hardly는 'almost never(거의 ~하지 않다)'의 의미를 지니고 있다. 부사인 만큼 기본적으로 동사나 형용사를 수식한다.

a. It hardly snows here in the winter.
b. It is hardly surprising that he is late again.
c. Tom hardly slept because he was so excited.

하지만, 다른 부사와는 차별화된 다음과 같은 특징을 유념해야 한다.

1. 명사(구)를 수식할 수 있다.

hardly는 부사임에도 불구하고 명사(구)를 수식할 수 있다. 특히, any, anybody, anyone, anything 등의 표현과 자주 쓰인다.

d. Sue is almost twenty four, hardly a child.
e. They sold hardly any books.
f. I knew hardly anything about my health condition.
g. Long ago, hardly anybody in the country had health insurance.

2. any 등의 명사구와 함께 사용할 때 위치가 비교적 자유스럽다.

never, rarely 같은 부정적 의미를 지닌 부사하면 떠오르는 것이 '일반동사 앞에, be동사 뒤에' 사용하는 것이다. 하지만 hardly를 any 등의 명사구와 함께 사용할 때는 일반동사의 앞 또는 뒤에 위치할 수 있다. 단, 'be 동사 뒤에' 사용하는 것은 그대로 적용된다.

h. I ate hardly anything yesterday. ➜ 일반동사 뒤에
i. I hardly ate anything yesterday. ➜ 일반동사 앞에
j. He felt hardly any strength in his left hand. ➜ 일반동사 뒤에
k. He hardly felt any strength in his left hand. ➜ 일반동사 앞에
l. There was hardly anybody to play with in the afternoon. ➜ be 동사 뒤에

3. 부정적인 의미를 지니고 있으므로 다른 부정어와 함께 사용하지 않는다.

m. ~~We don't hardly do anything interesting.~~
n. ~~She never had hardly any time to talk to the doctor.~~

22 So and Such

So의 여러 쓰임새 중에서 'really' 'very'의 뜻을 지닌 부사로의 쓰임새를 살펴보면, 형용사 또는 다른 부사를 수식할 수 있으며 다음의 경우에도 많이 쓰인다: so + many, much, few, 또는 little + 명사구

a. The movie was so boring.
b. IT industry changes so rapidly.
c. They provided Tom with so much support to follow his dreams.
d. She wants to do so many different activities.
e. So few jobs were available during the recession.

⚠ 부사로서 so 다음에 올 수 있는 명사구와 관련하여 주의해야 할 사항.

1. 기본적으로 so는 한 단어로 이루어진 명사 표현을 수식할 수 없다.
   - ~~She wants to do so activities.~~
   - ~~So jobs were available during the recession.~~
2. many, much, few, little를 포함하지 않은 명사구를 수식할 수 없다.
   - ~~She wants to do so different activities.~~
   - ~~The party started with so tasty food.~~
     ⇨ The party started with so much tasty food.
3. 관사 a/an을 포함한 명사구를 수식할 수 없다.
   - ~~She always seemed so a happy woman.~~
   - ~~The family recently bought so an expensive car.~~

⚠ such는 so와 비슷한 의미를 지니고 있지만, 쓰임새에는 서로 많은 차이가 있다.

1. so와 달리 형용사/부사를 직접 수식할 수 없다.
   - ~~The movie was such boring.~~
   - ~~Henry speaks French such well.~~ ⇨ Henry speaks French so well.
2. many, much, few, little과 사용하지 않는다.
   - ~~She wants to do such many different activities.~~
   - ~~Such few jobs were available during the recession.~~
3. so와는 달리 단/복수 명사구를 수식할 수 있는데, 형용사를 포함한 명사구인 경우에만 such가 그 형용사를 강조하는 부사로서 역할을 한다.
   - The party started with such tasty food.
   - She always seemed such a happy woman.
   - The family recently bought such an expensive car.

23 Still ≠ Yet

부사로서 still과 yet의 의미를 영한사전에서 찾아보면, 두 단어 모두 '아직도' '여전히'란 같은 의미를 제시하고 있다. 이처럼 우리말로 해석하면 '어떤 현상이 계속 지속될 때' 사용하는 동일한 표현인 것처럼 보이나, 영어에서는 각기 다른 의미를 지닌 단어로서 서로 다른 상황에서 사용해야한다. 하지만 그 구별된 상황을 누구나 알기 쉽게 제시한 문법책은 아직 접해보지 못한 것 같다.

두 단어를 사용하는 근본적인 문맥의 차이점은 still은 '기존의 상황이 아직도 지속되고 있는지'를 언급할 때 사용하며 yet은 '기존과는 다른 상황이 발생했는지'를 다루는 경우에 (주로 부정문과 의문문에서) 사용한다. 이러한 차이점을 예를 통해서 살펴보자.

a. It's still raining. ➜ 비가 내리는 기존의 상황이 아직도 지속되고 있음.
b. You still haven't told me anything about the incident.
➜ 과거에도 그 사건에 대해 언급하지 않았고, 지금도 언급하지 않음.
c. She was still angry about the result. ➜ 과거의 특정 시점 이전에도 화가 났었지만, 과거 특정 시점에도 여전히 화가 나있음을 언급.
d. It isn't dark yet. ➜ 환함에서 어둠이라는 새로운 상황이 아직 발생하지 않았음에 초점.
e. Have you met Tom yet? ➜ 전에 만나지 못한 Tom을 지금쯤은 만났는지 묻는 상황.
f. The worst of the storm is yet to come. ➜ 폭풍의 최악의 상황이 아직 오지 않았지만 곧 올 것을 언급.

이러한 문맥의 차이점을 고려하면서 다음의 두 문장을 살펴보자.

g. The meeting will start in an hour. ~~Hasn't he still showed up~~?
⇨ Hasn't he showed up yet?
h. He got up ~~but didn't feel quite fully awake yet.~~ ⇨ ... but still did not feel fully awake.

g 문장의 경우, 그가 나타나지 않았는데 이제는 나타났는지 물어보는, 즉 새로운 상황의 전개에 대해서 묻는 것이 자연스럽기 때문에 still 대신에 yet을 사용해야 한다. h 문장의 경우, 기상을 했지만 아직도 완전히 깨어난 기분을 느끼지 않았음을, 즉 기존의 상황이 유지되고 있음을 의미하므로 still을 사용해야 한다.

24 부사의 순서

영어 학습의 초창기에 '방장사' 또는 '장서방'이라는 표현을 외우라는 선생님의 말을 들어본 적이 있으리라 생각한다. 저자도 오래전에 둘 중의 하나를 외운 적이 있는데, 그 것이 '장서방'인지 '방장사'인지 헷갈린다. 이 세 글자는 여러 종류의 부사 표현들을 한 문장에서 나열할 때, 어떤 순서로 하는지 알기 쉽게 사용하기 위해 고안한 것이다. '서'는 '시간 부사 표현'의 '시'를 암기하기 쉽게 '서'로 바꾼 것이다. 우선 세 종류의 부사 표현들을 살펴보자.

방법(태도) 부사 표현	anxiously, badly, carefully, deliberately, fortunately, kindly, loudly, quickly, slowly, unexpectedly, warmly, in a silly way, in angry tones, like a baby, in such a nice manner, the right way 등
장소 부사 표현	there, outside, over there, here, everywhere, in the library, at the top of the mountain, in front of the shop, into the field, upwards 등
시간 부사 표현	soon, in the afternoon, at that time, in 2032, on Tuesday, immediately, at night, early, now, a few minutes ago, next year, for 10 years 등

위의 부사들을 동사에 이어 사용할 때 올바른 순서로 많은 문법책에서는 '무조건' 방법, 장소, 시간의 순서로 나열해야한다고 기술하고 있다.

a. I have to run quickly(방법) down the street(장소) each morning(시간).
b. We toured around the city(장소) all day(시간).
c. Jane swims enthusiastically(방법) in the pool(장소).
d. Tom walks a mile slowly(방법) before breakfast(시간).

Important

문법책에서의 '무조건'과 달리, 부사의 나열은 상당한 융통성을 지니고 있다. 따라서 위의 방법-장소-시간의 순서는 하나의 가이드라인이지 결코 규칙이 아님을 명심해야 한다. 융통성의 예로, 짧은 표현을 긴 표현 앞에 사용한다. 또한 좀 더 구체적인 표현을 덜 구체적인 표현 앞에 사용한다.

e. She dances every night(시간) in the most extraordinary way(방법).
f. I gathered the sheep *at the end of the day*(구체적 시간) *when I was young*(덜 구체적인 시간).

TEST YOURSELF

1. 밑줄 친 부분 중 어법상 옳지 않은 것을 고르시오. (2016 사회복지 지방직 9급) 참고 #1, 2

The middle-class Americans who chose ①to avoid the suburban lifestyle and ②live in the central city ③were most often those least ④depended on central-city government services.

2. 우리말을 영어로 잘못 옮긴 것을 고르시오. (2017 지방직 9급) 참고 #1, 2

① 그를 당황하게 한 것은 그녀의 거절이 아니라 그녀의 무례함이었다.
→ It was not her refusal but her rudeness that perplexed him.

② 부모는 아이들 앞에서 그들의 말과 행동에 대해 아무리 신중해도 지나치지 않다.
→ Parents cannot be too careful about their words and actions before their children.

③ 환자들과 부상자들을 돌보기 위해 더 많은 의사가 필요했다.
→ More doctors were required to tend sick and wounded.

④ 설상가상으로, 또 다른 태풍이 곧 올 것이라는 보도가 있다.
→ To make matters worse, there is a report that another typhoon will arrive soon.

3. 밑줄 친 부분 중 어법상 옳지 않은 것을 고르시오. (2017 국회 8급) 참고 #3

①A large and growing number of people are finding that virtual communities affect their identities in profound ways. Specifically, ②because virtual communities allow interaction using concealed identities, people are free to assume new identities and are encouraged ③to discover parts of themselves they are formerly unaware. In virtual communities, shy people can become bold, ④normally assertive people can become voyeurs, old people can become young, ⑤straight people can become gay, and women can become men. * voyeurs: 훔쳐보는 사람들

4. 밑줄 친 부분 중 어법상 옳지 않은 것을 고르시오. (2010 국가직 7급) 참고 #4

Though ①admiring critics speak of him sometimes as ②"manly" or ③"courageously," he is actually timid almost to the point of burlesque the anti-type of the ④foolhardy Tom.

5. 우리말을 영어로 잘못 옮긴 것을 고르시오. (2011 지방직 7급) 참고 #4

① 아무리 추워도 환기를 자주 시켜주어야 한다.
→ No matter what cold it may be, you should let in some fresh air from time to time.

② 추운 날씨와 의사의 충고에도 굴하지 않고 할머니는 산에 올랐다.
→ The cold weather and the doctor's advice couldn't deter the grandmother from climbing up the mountain.

③ 팬케이크 믹스가 떨어져 그녀는 팬케이크 반죽을 처음부터 만들어야했다.
→ She was out of pancake mix, so she had to make the batter from scratch.

④ 교육당국은 외국인들의 불법 사설 강습을 단속할 수 있는 방안을 가지고 있지 않다.
→ The educational authorities have no measures to crack down on illegal private tutoring by foreigners.

6. 다음 문장 중 어법상 옳은 것은? (2012 지방직 9급) 참고 #4

① Without plants to eat, animals must leave from their habitat.

② He arrived with Owen, who was weak and exhaust.

③ This team usually work late on Fridays.

④ Beside literature, we have to study history and philosophy.

7. 우리말을 영어로 잘못 옮긴 것은? (2014 국가직 9급) 참고 #4

① 그녀는 등산은 말할 것도 없고, 야외에 나가는 것을 좋아하지 않는다.
→ She does not like going outdoor, not to mention mountain climbing.

② 그녀는 학급에서 가장 예쁜 소녀이다.
→ She is more beautiful than any other girl in the class.

③ 그 나라는 국토의 3/4이 바다로 둘러싸여 있는 소국이다.
→ The country is a small one with the three quarters of the land surrounding by the sea.

④ 많은 학생들이 졸업 후 취직을 위해 열심히 공부한다.
→ A number of students are studying very hard to get a job after their graduation.

8. 어법상 옳지 않은 것은? (2013 서울시 7급) 참고 #4

It is the duty of all public servants to ①ensure that the public's money is spent ②as efficient as possible and that ③programs are provided effectively, without discrimination or prejudice, with transparency ④and without waste of money or resources. Most public servants work in the administrative functions related to ⑤public service program provision.

9. 우리말을 영어로 잘못 옮긴 것을 고르시오. (2015 국가직 9급) 참고 #4

① 그는 자신의 정적들을 투옥시켰다.
→ He had his political enemies imprisoned.

② 경제적 자유가 없다면 진정한 자유가 있을 수 없다.
→ There can be no true liberty unless there is economic liberty.

③ 나는 가능하면 빨리 당신과 거래할 수 있기를 바란다.
→ I look forward to doing business with you as soon as possible.

④ 30년 전 고향을 떠날 때, 그는 다시는 고향을 못 볼 거라고 꿈에도 생각지 않았다.
→ When he left his hometown thirty years ago, little does he dream that he could never see it again.

10. 다음 글의 빈칸에 들어갈 말로 가장 적절한 것은? (2017 경찰공무원) 참고 #4

- There used to be a shop at the end of the street; it closed (㉠) a few years ago.
- Helen was going away. We went to the station with her to see her (㉡).

① off --- on
② down --- off
③ on --- off
④ out --- in

11. 어법상 옳은 것을 고르시오. (2017 생활안전분야 국가직 9급) 참고 #4

① She would like to be financial independent.
② She never so much as mentioned it.
③ The whole family is suffered from the flu.
④ My father was in the hospital during six weeks.

12. 밑줄 친 부분 중 어법상 옳지 않은 것을 고르시오. (2009 지방직 7급) 참고 #4, 8

The Vietnamese Communist regime, ①long weakened by regionalism and corruption, can ②barely control the relentless destruction of the country's forests, which are home to some of the most spectacular wild species in Asia, including the Java rhinoceros, dagger-horned goats, as well as ③new discovered animals ④previously unknown to Western science.

13. 다음 중 어법상 옳지 않은 것을 고르시오. (2011 국가직 7급) 참고 #4, 8

① Housewives came to count on certain brands of goods, which advertisers never allowed them to forget.

② It is not true that prosperity must be equated with 'gentle' inflation whatever that means.

③ The child sits quietly, schooled by the hazards to which he has been earlier exposed.

④ The premature aged wife was coming to be the exception rather than the rule.

14. 밑줄 친 부분 중 어법상 옳지 않은 것을 고르시오. (2012 국가직 7급) 참고 #4, 8

Any manager of a group that wants to achieve a meaningful level of acceptance and commitment to ①a planned change must present the rationale for the contemplated change as ②clear as possible and provide opportunities for discussion ③to clarify consequences for those who will ④be affected by the change.

15. 밑줄 친 부분이 어법상 옳지 않은 것은? (2013 서울시 9급) 참고 #4, 8

Most children shift ㉠adaptively between two general strategies for managing emotion. In problem-centered coping, they appraise the situation ㉡as changeable, identify the difficulty, and decide ㉢what to do about it. If this does not work, they engage in ㉣emotional-centered coping, ㉤that is internal and private.

① ㉠㉡ ② ㉢㉣ ③ ㉣㉤
④ ㉡㉣ ⑤ ㉠㉢㉣

16. (A), (B), (C)에서 어법상 옳은 것을 모두 고른 것은? (2015 지방직 9급) 참고 #4, 8

> Pattern books contain stories that make use of repeated phrases, refrains, and sometimes rhymes. In addition, pattern books frequently contain pictures (A)<u>that/what</u> may facilitate story comprehension. The predictable patterns allow beginning second language readers to become involved (B)<u>immediate/immediately</u> in a literacy event in their second language. Moreover, the use of pattern books (C) <u>meet/meets</u> the criteria for literacy scaffolds by modeling reading, by challenging students' current level of linguistic competence, and by assisting comprehension through the repetition of a simple sentence pattern.

	(A)	(B)	(C)
①	that	immediate	meet
②	what	immediately	meets
③	that	immediately	meets
④	what	immediate	meet

17. 우리말을 영어로 잘못 옮긴 것을 고르시오. (2010 국가직 7급) 참고 #4, 23

① 그는 여행하는 동안 어디에서 머물지 결정하지 않았다.
→ He hasn't decided where to stay during his trip.

② 그녀는 살을 빼기 위해 점점 더 적게 먹기 시작했다.
→ She started to eat less and less to lose weight.

③ 민지네 가족은 벌써 파리로 이사 갔니?
→ Has Minji's family moved to Paris yet?

④ 우리가 지금 방학 중이라면 좋을 텐데.
→ I wish that we were on vacation now.

18. 우리말을 영어로 옮긴 것 중 가장 어색한 것을 고르시오. (2009 국가직 9급) 참고 #7

① 그에게서는 악취가 난다.
→ He smells badly.

② 그녀는 혼자 사는 데 익숙하다.
→ She is used to living alone.

③ 그녀는 밤에 외출하는 것을 겁낸다.

→ She is afraid of going out at night.

④ 중요한 것은 사람됨이지 재산이 아니다.

→ The important thing is not what you have but what you are.

19. 다음 문장을 영어로 옮긴 것 중 가장 어색한 것을 고르면? (2014 국회 9급) 참고 #7

① 이상하게 들릴지 모르겠지만 그것은 사실이다.

→ Though it sounds strangely, it is quite true.

② 나는 아침에 일찍 일어나는 데 익숙하다.

→ I am used to getting up early in the morning.

③ 그녀가 울음을 터뜨린다고 해서 놀라지 마십시오.

→ Don't be surprised even if she suddenly bursts into tears.

④ 그에게 부족한 것이 없다.

→ He lacks for nothing.

⑤ 그것을 누가했든, 그것이 무엇이든지 간에 별로 상관없다.

→ It matters little who did it or what it was.

20. 다음 글을 영문으로 옮긴 것 중 가장 적절한 것은? (2015 경찰공무원) 참고 #7

한국 사과는 맛이 좋습니다.

① Korean apples are tasting wonderful.

② Korean apples are tasting wonderfully.

③ Korean apples taste wonderfully.

④ Korean apples taste wonderful.

21. 어법상 옳지 않은 것은? (2015 지방직 7급) 참고 #7

Old giant corporations such as IBM and AT&T laid off thousands of workers, ① downsizing to become more efficient and competitive. The auto industry that ② many were ready to pronounce ③deadly has revived and is ④flourishing.

22. 밑줄 친 부분 중 어법상 옳지 않은 것은? (2017 국회 9급) 참고 #7

Many pharaohs' tombs ①were sealed so tightly that the outside air could not get inside. When this happens, certain bacteria ②grow in the oxygen-free environment and they could be very harmful if ③inhaled. Other types of organisms like molds and fungi could also ④present, some of which can cause serious health problems. For these reasons, modern archaeologists, unlike those in the 1920s, ⑤wear protective filter masks and gloves when entering a tomb for the first time.

23. 다음 문장에서 어법상 가장 적절한 것은? (2018 경찰공무원) 참고 #7, 8

- The police officer approached ㉠to the suspected murderer.
- Your baby looks ㉡lovely.
- He will explain ㉢us how he could pass the test.
- He was ㉣disappointing with the result of the test.

① ㉠ ② ㉡ ③ ㉢ ④ ㉣

24. 우리말을 영어로 잘못 옮긴 것을 고르시오. (2009 국가직 7급) 참고 #8

① 나는 딸이 여섯 살일 때 나눗셈을 가르쳤다.
→ I taught my daughter how to do division at the age of six.

② 복면을 쓴 강도들이 쳐들어와서 8,000달러를 가지고 도망쳤다.
→ Mask robbers broke off and ran away with $8,000.

③ 회사를 지배하려고 한 그의 노력은 실패했다.
→ He failed in his attempt to take control of the company.

④ 그 식당은 매우 인기가 많으니 미리 예약을 하렴.
→ Do book ahead as the restaurant is very popular.

25. 다음 우리말을 영작한 것 중 가장 옳은 것은? (2012 경찰공무원) 참고 #8

① 음주는 사람들의 건강에 부정적으로 영향을 미친다.
→ Drinking adversely effects people's health.

② 안전에 대해서는 아무리 주의를 기울여도 지나치지 않다.
→ You cannot be too careful when it comes to safety.

③ 심하게 부서진 창문 때문에 돈이 많이 들었다.
→ My badly damaging windows cost me a lot of money.

④ 그 학교는 그 마을의 북쪽에 위치하고 있다.
→ The school locates north of the town.

26. 다음 중 어법상 틀린 것은? (2012 국회 9급) 참고 #8

According to Greek myth, Theseus was able to find ①his way back out of the Labyrinth, a maze of passages and galleries ②built to house a fearful monster, ③by following a strand of wool that he had slowly unrolled from a large ball ④as he penetrated deeper and deeper into the bowels of the ⑤confused building.

27. 밑줄 친 부분에 들어갈 말로 가장 적절한 것은? (2012 국회 9급) 참고 #11

A: I hope my parents don't miss the beginning of performance.
B: I think they'll __________ to see it.

① enough early arrive
② enough arrive early
③ arrive enough early
④ arrive early enough
⑤ early enough arrive

28. 괄호안의 어구를 가장 적절하게 배열한 것은? (2010 지방직 7급) 참고 #11

For the next couple of months, the crucial task is (survive / to / food / finding / enough).

① to survive finding food enough
② to survive food enough finding
③ finding to survive enough food
④ finding food enough to survive

29. 다음 중 우리말을 영어로 잘못 옮긴 것은? (2011 국가직 9급) 참고 #12

① 시간이 부족해서 시험을 끝낼 수 없었다.
→ I couldn't finish the exam because I ran out of time.

② 습관을 깨기란 예상보다 훨씬 어렵다.
→ It is much more difficult than you'd expect to break a habit.

③ 대부분의 사람들은 TV에서 지나친 폭력을 매우 싫어한다.
→ Most people have a strong dislike to excessive violence on TV.

④ 낮에는 너무 바빠 걱정할 틈도 없고, 밤에는 너무 피곤해서 깨어있을 수 없는 사람은 복 받은 사람이다.
→ Blessed is the man who is too busy to worry in the day and too tired of lying awake at night.

30. 우리말을 영어로 잘못 옮긴 것은? (2014 지방직 7급) 참고 #12

① 그 가방은 너무 무거워서 내가 들어 올릴 수 없었다.
→ The bag was too heavy for me to lift it.

② 그녀가 너무 꼴불견이어서 모든 사람들이 갑자기 웃기 시작 했다.
→ So ridiculous did she look that everybody burst out laughing.

③ 그가 집 밖으로 나오는 것이 목격되었다.
→ He was seen to come out of the house.

④ 나는 저 아이를 재울 수가 없다.
→ I can't get that child to go to bed.

31. 우리말을 영어로 잘못 옮긴 것은? (2017 사회복지 지방직 9급) 참고 #12, 13

① 그 회의 후에야 그는 금융 위기의 심각성을 알아차렸다.
→ Only after the meeting did he recognize the seriousness of the financial crisis.

② 장관은 교통문제를 해결하기 위해 강 위에 다리를 건설해야 한다고 주장했다.
→ The minister insisted that a bridge be constructed over the river to solve the traffic problem.

③ 비록 그 일이 어려운 것이었지만, Linda는 그것을 끝내기 위해 최선을 다했다.
→ As difficult a task as it was, Linda did her best to complete it.

④ 그는 문자 메시지에 너무 정신이 팔려서 제한속도보다 빠르게 달리고 있다는 것을 몰랐다.
→ He was so distracted by a text message to know that he was going over the speed limit.

32. 우리말을 영어로 옮긴 것 중 가장 어색한 것은? (2015 지방직 9급) 참고 #14

① 제인은 보기만큼 젊지 않다.
→ Jane is not as young as she looks.

② 전화하는 것이 편지 쓰는 것보다 더 쉽다.
→ It's easier to make a phone call than to write a letter.

③ 너는 나보다 돈이 많다.
→ You have more money than I.

④ 당신 아들 머리는 당신 머리와 같은 색깔이다.
→ Your son's hair is the same color as you.

33. 다음 중 어법에 맞는 표현으로 가장 적절한 것은? (2017 경찰공무원) 참고 #14

• I'd rather relax at home than (㉠) to the movies tonight.
오늘 밤 나는 영화를 보러 가기보다는 집에서 쉬고 싶다.
• Can you talk her (㉡) her foolish plan?
그녀가 어리석은 계획을 포기하도록 설득해 줄래요?
• Jinsoo is not (㉢) he looks. 진수는 보이는 만큼 젊지 않다.

	㉠	㉡	㉢
①	go	out of	as young as
②	go	on to	younger than
③	going	out of	younger than
④	going	on to	as young as

34. 우리말을 영어로 잘못 옮긴 것은? (2018 국가직 9급) 참고 #14, 16

① 그 연사는 자기 생각을 청중에게 전달하는 데 능숙하지 않았다.
→ The speaker was not good at getting his ideas across to the audience.

② 서울의 교통 체증은 세계 어느 도시보다 심각하다.
→ The traffic jams in Seoul are more serious than those in any other city in the world.

③ 네가 말하고 있는 사람과 시선을 마주치는 것은 서양 국가에서 중요하다.
→ Making eye contact with the person you are speaking to is important in western countries.

④ 그는 사람들이 생각했던 만큼 인색하지 않았다는 것이 드러났다.

→ It turns out that he was not so stingier as he was thought to be.

35. 우리말을 영어로 잘못 옮긴 것을 고르시오. (2016 지방직 9급) 참고 #15

① 그녀가 어리석은 계획을 포기하도록 설득해 줄래요?

→ Can you talk her out of her foolish plan?

② 그녀의 어머니에 대해서는 나도 너만큼 아는 것이 없다.

→ I know no more than you don't about her mother.

③ 그의 군대는 거의 2대 1로 수적 열세였다.

→ His army was outnumbered almost two to one.

④ 같은 나이의 두 소녀라고 해서 반드시 생각이 같은 것은 아니다.

→ Two girls of an age are not always of a mind.

36. 어법에 맞는 표현을 골라 가장 적절하게 연결한 것은? (2015 경찰공무원) 참고 #15

In a house with ㉠<u>less/little</u> than 1,500 square feet of dining room, every furniture ㉡<u>need/needs</u> to pull its weight. Pieces that perform multiple functions do just that. Rather than waste space on a living room, Maria made a choice of a movable table she extends ㉢<u>when/what</u> needed.

	㉠	㉡	㉢
①	less	needs	when
②	less	need	what
③	little	need	when
④	little	needs	what

37. 우리말을 영어로 잘못 옮긴 것은? (2017 지방직 7급) 참고 #16, 17

① 예산은 처음 기대했던 것보다 약 25 퍼센트 더 높다.

→ The budget is about 25% higher than originally expecting.

② 시스템 업그레이드를 위해 해야 될 많은 일이 있다.

→ There is a lot of work to be done for the system upgrade.

③ 그 프로젝트를 완성하는데 최소 한 달, 어쩌면 더 긴 시간이 걸릴 것이다.
→ It will take at least a month, maybe longer to complete the project.

④ 월급을 두 배 받는 그 부서장이 책임을 져야 한다.
→ The head of the department, who receives twice the salary, has to take responsibility.

38. 우리말을 영어로 잘못 옮긴 것은? (2016 국가직 지역인재 9급) 참고 #17

① 그녀는 매우 친절한 소녀여서 모두가 그녀를 좋아했다.
→ She was such a kind girl that everybody liked her.

② 그 멋진 자전거는 너무 비싸서 내가 살 수 없었다.
→ The fancy bike was too expensive for me to buy.

③ 행복은 환경이 아니라 삶을 바라보는 당신의 방식에 달려있다.
→ Happiness depends not on the circumstances but on your way of looking at life.

④ 우리가 높이 올라갈수록 공기가 더 희박해진다.
→ The more we climb higher, thinner the air becomes.

39. 다음 우리말을 영작한 것 중 가장 적절한 것은? (2018 경찰공무원) 참고 #18

① 새로운 관리자는 이전 관리자보다 더 우수하다.
→ The new manager is more superior to the old one.

② 시민들은 그 파출소가 폐쇄되어서는 안 된다고 요구했다.
→ Citizens demanded that the police box was not closed.

③ 서희는 가족과 함께 있을 때 가장 행복하다.
→ Seohee is happiest when she is with her family.

④ 우리가 가장 존경했던 선생님께서 지난달에 은퇴하셨다.
→ The teacher whose we respect most retired last month.

40. 밑줄 친 부분 중 어법상 옳지 않은 것을 고르시오. (2011 사회복지 지방직 9급) 참고 #21

I was 16 when ①one day my father told me I could drive him into a remote village, on the condition that I take the car in ②to be serviced at a nearby garage. Having just learned to drive and ③hard ever having the opportunity to use car, I readily accepted. I drove Dad into the village and promised to ④pick him up at 4 p.m., then drove to a garage and dropped off the car.

41. 어법상 옳지 않은 것은? (2017 사회복지 지방직 9급) 참고 #21

① A few words caught in passing set me thinking.

② Hardly did she enter the house when someone turned on the light.

③ We drove on to the hotel, from whose balcony we could look down at the town.

④ The homeless usually have great difficulty getting a job, so they are losing their hope.

42. 다음 우리말을 영작한 것 중 가장 적절한 것은? (2017 경찰공무원) 참고 #22

나는 그런 관대한 인물을 아직 본 적이 없다.

① Never I have met such generous a man before.

② Never I have met such a generous man before.

③ Never have I met such generous a man before.

④ Never have I met such a generous man before.

43. 다음의 밑줄 친 부분에 들어갈 가장 적절한 표현을 고르면? (2014 국회 9급) 참고 #23

Josh hasn't begun working on his today's assignment __________ working on his yesterday's.

① yet because he is still

② still because he is yet

③ yet as a result he is still

④ still as a result he is yet

⑤ already however he is yet

Answer and Explanation

1	④	those least depended on central-city government services가 '도시 정부의 서비스에 최소한으로 의존하는 사람들'을 의미하기 위해서는 '~에 의존하는' 뜻을 지닌 형용사 dependent로 바꾸어야 함.
2	③	'the+형용사'로서 특정 집단 전체를 지칭하므로 정관사가 필요: to tend the sick and wounded.
3	③	'~를 인지하지 못하다'에 적절한 표현은 'be unaware of'이다. ①번의 'a large number of'는 복수 동사를 필요로 하므로 are는 적절하다. ②번의 allow 이하는 관계절 구문을 전환한 것이다. 즉 allow interaction which uses concealed identities에서 관계 대명사를 생략하면서 allow interaction using ... 으로 전환한 것이다.
4	③	성격을 나타내는 단어로 앞의 manly와 마찬가지로 형용사 필요. courageously는 부사이므로 형용사인 courageous가 올바른 표현.
5	①	명사인 what은 형용사 cold를 수식할 수 없으므로, 부사 표현인 how가 필요.
6	③	①번의 leave는 타동사로 바로 목적어를 취함. 따라서 from 불필요. ②번에서 was의 보어로 weak와 마찬가지로 형용사가 필요하므로 exhausted. ③번의 late는 형용사, 부사 형태 동일. 문장에서는 부사로 쓰임. ④번의 경우 '문학을 제외하고도'가 문맥에 맞는 표현이므로 beside 대신에 besides가 필요.
7	①,③	정답이 두 개인 잘못 출제된 문항임. ①번에서 going을 수식하는 표현으로 부사를 사용해야 하므로 outdoor(형용사)가 아닌 outdoors 필요. ③번에서 land가 능동적으로 둘러쌀 수(surrounding) 없으므로 수동의 표현이 필요하다. 따라서 surrounded by로 수정.
8	②	과거완료형인 spent를 수식하기 위해서는 부사인 efficiently가 필요.
9	④	④번 문장에서 little과 같은 부정적의미의 부사를 앞에 위치할 때는 도치구문을 사용한다. 그런데 우리말 표현 '생각지 않았다'가 과거 시제이므로 little did he dream으로 수정해야 함. ①번 문장의 'have(사역동사)+목적어+동사' 구문에서 목적어가 동사의 행동을 스스로 할 수 있으면 동사원형을, 스스로 할 수 없으면 과거분사를 사용하는 원칙에 맞는 표현임.
10	②	두 빈칸 모두 구동사의 부사어에 관한 것으로 '문을 닫다'의 동사 close에 적절한 부사어는 'down'이며, '배웅하다'의 동사 see에 맞는 부사어는 off임.

11	②	①번에서 '경제적으로 독립하고자 한다'를 표현하기 위해서는 부사인 financially를 써서 independent를 수식해야 한다. ③번에서 '고통을 겪고 있다'는 능동형을 사용해야 하며, The whole family가 주어일 때 단수(suffers) 또는 복수동사(suffer) 다 사용가능하다. ④번에서 기간을 나타낼 때는 for를 사용해야 한다. during 다음에는 어떤 사건이나 상황을 언급(예 during the concert). ②번의 숙어 'never so much as'는 '~ 조차 하지 않다'의 의미로 문맥에 적합함.
12	③	과거분사가 명사를 수식하는 형용사의 역할을 할 때, 이 형용사를 수식하는 앞 단어의 품사는 부사이어야 함. 따라서 올바른 표현은 newly discovered. ①번의 long은 형용사와 부사로 모두 사용이 가능한데 여기서는 부사로 쓰임.
13	④	과거분사가 명사를 수식하는 형용사의 역할을 할 때, 이 형용사를 수식하는 앞 단어의 품사는 부사이어야 함. 따라서 올바른 표현은 prematurely aged. ①번에서 which의 선행사는 certain brands of good이며 문장전체의 해석은 다음과 같다: "주부들은 특정 브랜드의 상품들에 의존하기 시작했는데, 그러한 상품들을 절대로 잊지 못하도록(항상 기억하도록) 광고주들은 노력하였다."③번에서 분사구문이하의 해석은 "일전에 노출된 위험들 때문에 깨우쳐서(단련되어서)."
14	②	must이하는 문맥상 '타동사+목적어+(동사를 수식하는) 부사' 구조이어야 한다. 즉 present를 '명확하게'해야 함을 표현하기 위해서는 형용사 clear가 아닌 부사 clearly를 사용해야함. ①번 'a planned change'는 '계획된 변화'의 뜻으로 문맥에 올바름.
15	③	㉣의 경우 과거완료형인 centered를 수식하기 위해서는 형용사가 아닌 부사 emotionally가 필요. ㉤은 앞의 절 전체를 지칭하는 표현으로 which를 사용해야 함.
16	③	(A)에 맞는 관계 대명사는 that이다. 문장에서 pictures가 선행사인데, what은 선행사를 포함하는 관계 대명사이므로 사용할 수 없다. (B)앞에 쓰인 과거분사 involved를 수식하기 위해서는 부사인 immediately가 필요. (C)의 주어는 단수인 'use'이므로 meets를 사용.
17	③	'벌써'에 해당하는 표현은 already이며 위치는 주로 문장의 중간에 옴. 올바른 표현은 Has Minji's family already moved to Paris?
18	①	자동사인 지각동사(smell, taste, feel, sound, look) 다음에는 부사가 아닌 형용사를 사용. 올바른 표현은 bad.
19	①	①번의 자동사 sound 다음에는 형용사를 사용함. 따라서 strangely > strange로 수정. 같은 부류의 동사는 look, feel, taste, seem 등.

20	④	taste같은 지각동사는 진행형을 사용할 수 없으며, 보어로는 형용사를 취하므로 taste wonderful이 정답.
21	③	두 번째 문장에서 that이하 관계절의 선행사인 auto industry는 pronounce의 목적어이다. 즉, 관계절로 만들기 이전의 구문은 'many were ready to pronounce the auto industry+목적격 보어'이다. 따라서 목적어의 상태를 나타내는 보어로 부사가 아닌 형용사 dead가 올바름.
22	④	외부 공기가 무덤에 들어가면 박테리아가 성장하거나 곰팡이들이 존재할 수 있다는 내용의 글이다. ④번의 present는 조동사 could 다음에서 동사로서 '제시하다' 의미를 지니고 있어 글의 흐름에 적절하지 않다. 대신에 '존재하는' 뜻을 지닌 형용사로서 사용해야 하는데, 이 경우 be 동사가 필요하므로 'could be present'로 수정해야 한다.
23	②	㉡의 look 다음에는 형용사를 사용하므로 ②번이 정답. ㉠의 approach는 타동사이므로 to 없이 바로 목적어를 사용해야함. ㉢의 explain은 '목적어+to+사람' 또는 'to+사람+목적어'의 구문을 사용함. ㉣의 경우 사람이 주어일 때 느끼는 감정을 나타낼 때는 –ed 형태를 사용하므로 disappointed가 적합.
24	②	'복면을 쓴 강도'는 masked robber로 수정. 그리고 '쳐들어오다'는 break in이 올바름. break off는 '(물건을)찢다' 또는 '(어떤 일을) 그만두다'의 뜻이다. ④번의 do는 일반동사 앞에 사용하는 강조의 do임.
25	②	②번의 'cannot be too ~'는 '아무리 ~해도 부족하지 않다'를 의미하므로 올바른 영작. ①번의 '영향을 미치다'는 affects를 사용. ③번의 '부서진 창문'은 'damaged windows'로 수정. ④번의 '위치하고 있다'는 분사 형용사를 사용해서 'is located in the north'로 수정.
26	⑤	어떤 사물(사건)이 사람의 감정에 미치는 영향을 언급할 때는 –ing 형태의 형용사를 사용하므로 confused를 confusing으로 수정.
27	④	'조동사+동사원형+형용사/부사+enough'의 순서이므로 답은 arrive early enough임.
28	④	일반적으로 명사와 enough를 함께 쓸 때의 기준인 enough+noun을 적용하면 ③번이 답이 되어야 하지만 이는 문맥상 올바르지 않음. survive를 타동사로 사용할 때의 의미는 '~보다 오래 살다' 또는 '~에서 벗어나다'이므로 이를 적용시켜보면 '충분한 음식보다 오래 살다' '충분한 음식에서 벗어나다'라는 우스꽝스런 표현이다. 위 문맥에 가장 적절한 의미는 '충분한 음식을 찾는 것'이 아니라 '충분히 생존을 영위할 수 있는 음식을 찾는 것'이므로 'finding food enough to survive'가 올바르다. food이하를 관계절로 생각하면 보다 이해하기 쉬움. 즉 'the crucial task is to find food which is enough to survive.'
29	④	too ~ to 용법 사용의 오류. 올바른 표현은 too tired to lie awake at night.

30	①	①번의 too ~ to 용법과 관련하여, 일반적으로 타동사 다음에는 목적어가 따르지만, 'too ~ to+타동사'인 경우 목적어를 필요로 하지 않는다. 따라서 올바른 표현은 The bag was too heavy for me to lift. ②번 문장은 주어와 동사가 도치되어있는데, so 다음에 부사 또는 형용사를 문장의 처음에 위치하여 그 의미를 강조할 때는 도치를 할 수 있다. 도치 이전 문장은 She looked so ridiculous that everybody burst out laughing.
31	④	④번의 '너무 ~해서 ~하지 못하다'에 해당하는 구문은 'too ~ to'이다. 올바른 표현은 He was too distracted by a text message to know that he was going over the speed limit. ①번은 문장 처음에 only를 위치할 경우 도치하는 원칙에 따름. ②번은 insist 동사이하의 that절에서 '주어+should(생략가능)+동사원형'에 해당. ③번은 'as+형용사+(명사구)+as+주어+동사'의 구문으로 처음 as는 though와 같은 의미를 지닌 양보절을 이끄는 접속사 역할을 함. 두 번째 as는 '~와 같은/~ 상태의' 뜻을 지닌 접속사임.
32	④	④번의 동급 비교 구문에서 as 다음에는 '당신의 머리'를 뜻하는 yours 또는 your hair로 수정 필요.
33	①	'would rather A than B'의 비교급 구문에서 A와 B 모두 동사원형을 사용하므로 go가 올바름. 'A가 B를 하지 않도록 설득하다'에 맞는 구문은 'talk A out of B'임. '~ 만큼 –하지 않다'는 동급 비교 구문을 사용하므로 'not as(또는 so)+형용사+as'표현이 적절함.
34	④	④번은 '동급 비교' 표현을 다루고 있는데, 'not+so+원급+as'가 올바른 표현이므로 'not so stingy as'로 수정. ②번은 최상급의 의미를 비교급 표현으로 나타내는 '비교급+than+any other+단수명사' 구문이다.
35	②	②번의 'A no more than B'는 'B 만큼 A 역시 ~ 아니다' 뜻을 지닌다. 따라서 또 다른 부정 표현을 사용하면 긍정의 뜻이 되므로 이중부정을 사용하면 안 된다. 올바른 표현은 I know no more than you do about her mother 임. ①번의 'talk somebody out of something'은 '~를 설득하여 ...을 못하게 하다' 뜻의 숙어.
36	①	㉠ 다음에 than이 있으므로 비교급 표현이 필요하다. 따라서 less가 맞음. furniture는 셀 수 없는 명사이므로 동사는 needs. 마지막 문장은 '그녀가 필요로 할 때 확장시킬 수 있는 움직이는 테이블을 만들었다'가 글의 흐름에 맞으므로 '필요로 할 때'에 적절한 표현은 when needed.
37	①	①번 문장의 than 다음은 앞 절과 같은 내용이 생략된 경우이다. 시제와 능동/수동의 상황을 고려할 때(budget이 스스로 expect할 수 없으므로) 생략 이전의 표현은 'than it was originally expected'인데 주어와 be-동사를 생략하면 'than originally expected'가 올바른 표현. 참고로 be-동사의 경우 앞 절의 시제와 달라도 생략 가능. ④번 문장은 관계절 시작과 끝에 comma를 사용하는 '비제한적 관계절'을 포함하고 있다. 선행사가 유일무이한 존재인 경우에(해당 부서의 head는 한 명 밖에 없으므로) 사용할 수 있다.

38	④	④번은 'the+비교급, the+비교급' 구문이 필요하므로 'The higher we climb, the thinner the air becomes.'로 수정.
39	③	③번은 최상급 앞에 the를 쓰지 않는 경우로, 특정한 비교 대상을 염두에 두지 않을 때 very의 의미로 사용하므로 올바른 영작임. ①번의 superior to 자체가 비교의 뜻을 지니고 있으므로 more는 불필요. ②번 demand, suggest와 같은 동사 다음의 that-절에서는 '(should)+동사원형'을 사용하므로 '(should) not be'로 수정. ④번의 선행사 the teacher를 수식하는 관계 대명사는 respect의 목적어 역할을 하는 것이므로 목적격 관계 대명사인 who, whom, 또는 that을 사용하거나 생략할 수 있음.
40	③	'hard ever having the opportunity to use car'에서 저자의 의도는 '운전할 기회가 거의 없었다'이므로 hard가 아니라 'hardly ever'가 올바른 표현.
41	②	부정적 의미를 지닌 Hardly를 문장 처음에 위치시킬 때는 도치를 해야 하는데 ②번의 경우 도치 형식은 취하고 있지만 시제에 있어서 오류가 있다. '그녀가 집에 들어가자 누군가 불을 켰다'에서 집에 들어간 행동이 우선하므로 이 부분을 과거완료형으로 해야 한다. 따라서 Hardly had she entered the house when ... 로 수정. ①번은 'A few words which were caught in passing set me thinking.'에서 which were가 생략된 문장이다. '지나가다가 들은 몇 마디가 나를 생각에 잠기게 했다'의 뜻으로 set+목적어+V-ing는 목적어가 '~하게 하다'를 의미. ④번의 The homeless는 the young, the sick과 같이 'the+형용사'는 복수 취급하는 표현임.
42	④	부정어를 문장 앞에 위치시킬 때는 도치를 하므로 Never have I met로 표현하고, such 다음에는 '관사+형용사+명사'로 된 명사구를 사용할 수 있으므로 정답은 ④번.
43	①	아직 발생하지 않은 일을 언급할 때는 yet을 그리고 지속적인 상황을 언급할 때는 still을 사용함. 문맥을 보면 '오늘의 과제를 아직 시작하지 않고(yet) 어제의 일을 계속하고 있으므로(still)' 답은 'yet because he is still'

II

전치사

25 전치사의 목적어

모든 전치사는 목적어를 필요로 한다. 대부분의 경우, 목적어는 전치사 바로 뒤에 위치하지만 때론 문장의 다른 곳에 위치할 수도 있다. 그리고 목적어의 형태는 명사형이어야 한다. 즉, 명사, 대명사, 인칭 대명사(목적격), 동명사, 명사절 등이 전치사의 목적어로 가능하다. 'To-부정사', 'that-절', '부사절(if, because, although 등의 접속사로 시작하는 절)'은 전치사의 목적어가 될 수 없는데 'that-절'의 경우 바로 앞에 'the fact'라는 명사구를 덧붙일 경우(the fact that-절) 전치사의 목적어로서 사용할 수 있다.

< 올바른 문장의 예 >

a. Just leave the package on the desk if you don't want it.
b. Her son sold the house and the things in it.
c. She looked at him with disgust.
d. Can you touch your toes without bending your knees?
e. I am sorry for what I've done.
f. Whom did you speak to?

< 틀린 문장의 예 >

g. ~~Do you agree with keep animals in zoos?~~
➜ 전치사 다음의 동사는 동명사 형태 필요. 즉 with keeping animals

h. ~~I don't like the idea of to buy a new car.~~
➜ of 다음에 to-부정사를 사용할 수 없음. 따라서 of buying으로

i. ~~The judge paid no attention to that she was suffering from depression.~~
➜ 전치사 다음에 that-절을 목적어로 사용할 수 없다. 하지만, the fact 같은 명사구의 도움을 받을 수 있다. 즉, no attention to the fact that ...

j. ~~He insisted on that he was innocent.~~
➜ 이 문장의 경우 the fact의 도움을 받을 수도 있고, 'He insisted on his innocence.'로 수정 가능

k. ~~We can go for if you're hungry.~~
➜ for의 목적어로 부사절인 if-절은 불가함. 명사형 필요. 예 go for dinner

26 우리말 간섭에 의한 전치사 사용

1. 다음 주 수요일에 만나.
2. 네가 제안한 아이디어에 대해 토론 해보자.
3. 그는 평소보다 일찍 집에 도착했다.

위 세 문장의 우리말 표현은 전혀 문제가 없다. 그런데 이 표현을 단어 하나씩 그대로 영어로 옮기면 틀린 문장이 만들어지며 많은 사람들이 그러한 실수를 하고 있다.

1a. See you ~~on~~ next Wednesday.
2a. Let't discuss ~~about~~ the idea you proposed.
3a. He arrived ~~at~~ home earlier than usual.

1번 문장의 경우 '~에', 2번의 경우 '~에 대해', 그리고 3번 또한 '~에'라는 표현을 그대로 영어로 옮긴 결과이다. 영어에서 'next Wednesday'는 부사표현이며, 'discuss'는 타동사이기 때문에 전치사를 필요로 하지 않는다. 그리고 '집에 도착하다'의 경우 영어로는 'arrive home' 또는 'get home'처럼 동사 다음에 부사 표현을 사용하지 '전치사+명사'를 사용하지는 않는다.

< 전치사를 필요로 하지 않는 주요 표현들 >

일상적인 우리말 표현	우리말의 직역	올바른 영어표현 예시
~에/에게 접근하다	approach ~~to~~	I approached him.
집에 가다	go ~~to~~ home	She went home.
하루에/ 하루 동안에	~~in~~ a day/~~for~~ a day	I run six miles a day. He takes a nap twice a day.
~에 들어가다	enter ~~to~~	We entered the church.
~에 다니다	attend ~~to~~	They attend the University of Utah.

27 At

At을 포함한 대부분의 전치사들이 아주 다양한(심지어 수십 가지의) 상황에서 쓰인다. At의 가장 대표적인 쓰임새 5가지를 살펴보자.

1. 장소를 나타낼 때

1.a I bought a dozen of apples at the market.
1.b She made a speech at the press conference.
1.c He doesn't mind being alone at home.
1.d It is very hot at the center of the Earth.

⚠ 일부 문법책에서는 작은 장소 앞에는 at을, 그리고 큰 장소에는 in을 사용한다고 기술하고 있다. 하지만 실제 영어 사용에 있어서는 명확한 규칙을 찾아볼 수가 없다. 바람직한 것은 사전이나 인터넷에서 빈도수 검색을 통해 특정 장소에 어울리는 전치사를 찾아보는 것이다.

2. 시간을 나타낼 때

2.a She is due to give birth at any moment.
2.b They finally decided to go to bed at 2 am.
2.c At Christmas I have been surrounded by many gifts.

3. 특정한 지점, 시점, 단위 등을 나타낼 때

3.a The tube may melt at high temperatures.
3.b His car crashed at 85 miles per hour.
3.c Oil prices were closing at $21 a barrel.

4. 주목하는 대상을 나타낼 때

4.a Why are you staring at me like that?
4.b I waved at the waiter to try to get the bill.
4.c The company's policy is aimed at improving business performance.

5. 상태를 나타낼 때

5.a She seems much more at ease now.
5.b He is at a disadvantage being so shy.
5.c The country was at war and life was tough for everybody.

28 In

1. 장소를 나타낼 때

1.a They used to live in Brazil, but now they are in Portugal.

1.b I feel like I've got something in my eye.

1.c He was caught in a traffic jam for almost an hour.

1.d What is in that green box?

2. 특정한 시간, 기간, 숫자를 나타낼 때

2.a His father was badly wounded in the car crash.

2.b She started working for the company in 2017.

2.c That's a common mistake made by people in their twenties.

2.d This is the first award I've received in five years.

3. 포함, 참여를 나타낼 때

3.a There is too much wrong information in the report.

3.b Jenny finished her service in the army in 2011.

3.c The logo in that sign board is the one I designed.

4. 상태, 조건을 나타낼 때: 유, 무형의 상태를 언급

4.a I live in hope that one day I might own a herb garden.

4.b They fell in love while working together.

4.c The phone is available in five different colors.

5. 수단, 방법을 나타낼 때

5.a Please write your name in capital letters.

5.b It was too difficult for me to write an essay in English.

5.c Discounts are available to those in large groups.

6. 결과를 나타낼 때

6.a I'd like to do something for you in exchange for all the favors you've done for me.

6.b In reply to my question, he just shrugged.

6.c Some minor changes are going on in response to demand from our customers.

29 By

1. 시간을 나타낼 때: 특정한 시간이나 그 전에 발생하는 일을 언급할 때

1.a I will return the bicycle by 5 o'clock.

1.b He wanted to be a millionaire by the age of 40.

1.c We have to make a final decision by the end of the week.

Important < By vs. Until >

다음의 그림에서 보듯이, by는 특정한 시간이나 그전에 일순간 발생하는 경우에, until은 특정한 시간까지 상황이 지속되는 경우에 사용한다.

- I will return the bicycle by 5 o'clock. 5시 이전 어느 순간에 반납가능

by 5 o'clock

- I will ride the bicycle until 5 o'clock. 5시까지 계속 사용

→ until 5 o'clock

2. 위치를 나타낼 때: '~의 옆에' '~에서 가까운' '~를 지나쳐서'

2.a There was only one empty chair by the window.

2.b They recently bought a house by the lake.

2.c I drove by the school. ⇒ 그 학교를 운전하며 지나쳤다.

3. 방법, 수단을 나타낼 때

3.a You can get there in 20 minutes by subway.

3.b The most efficient way to discover Amsterdam is by bicycle.

3.c The driver avoided a collision by changing course.

4. 수량, 정도를 나타낼 때

4.a They only sell eggs by the dozen. ⇒ 달걀을 12개 묶음으로만 판다.

4.b Violent crime has increased by 7 percent since last year.

4.c The room measures 4 meters by 2. ⇒ 방 넓이가 4x2미터이다.

5. 수동태에서 행위자를 나타낼 때

5.a I was surprised by his indecent behavior.

5.b The building is going to be demolished by the developer.

5.c The temperature is controled by a central cooling system.

30 On

1. 위치를 나타낼 때: '~ 위에' 또는 '~에 붙어있는'

1.a He was lying on the floor.

1.b She was frightened of that painting on the wall.

1.c Tom is reading the label on the bottle.

1.d They were woken up by someone knocking on the door.

2. 시간을 나타낼 때: 특정 날짜, 요일, 순간

2.a The twins were born on February 3rd.

2.b What did you do on your birthday?

2.c He promised he would come back on Tuesday.

2.d On entering the room, we were greeted by the staff.

3. 장소를 나타낼 때

3.a Edinburgh is a city on the coast of Scotland.

3.b The king is buried on a small island.

3.c There is a parking garage around the corner on Abbey Street.

3.d Tim and Jenny got engaged on a mountain field.

4. 내용을 언급할 때: '~에 관한'

4.a The chairman declined to give any details on incentives.

4.b This is a very thorough book on American history.

4.c Last Saturday I attended a conference on language learning.

5. 방향을 나타낼 때

5.a He was charged with assault on a law enforcement officer.

5.b Everyone's eyes were fixed on the monitor.

5.c The spotlight fell on the building's facade.

6. 근거를 나타낼 때

6.a Their prosperity depends on export-oriented economy.

6.b Moral action is based on good intention.

6.c The judge based his decision on constitutional rights.

31 Off

1. 어떤 장소, 임무 등으로부터 벗어남을 의미할 때

1.a She fell off her bike.

1.b During the hurricane, all the apples dropped off the tree.

1.c I like to visit small villages off the main road.

1.d Keep off the grass.

1.e From the next month, I will be off duty on Tuesdays.

1.f The boss will be taking some of the burdens off her.

⇒ 상사는 그녀의 임무 중 일부를 덜어줄 예정이다.

2. 제거(remove)를 의미할 때

2.a Has anybody taken my mug off the desk?

2.b I knocked the lamp off the bedside table.

⇒ 침대 옆 테이블에 있던 등을 쳐서 떨어뜨렸다.

2.c Take your feet off the chair!

2.d She took her hand off his arm.

3. 교통수단으로부터 하차를 의미할 때

3.a Let the driver know that you want to get off the bus.

3.b Don't ever try to get on or off a moving train.

3.c As he stepped off the plane, he was met by TV reporters.

4. 평소의 기준(standard, level)보다 낮음을 의미할 때

4.a The bike is on sale at 30% off the marked price.

4.b They offered thousands of dollars off the normal price of the car.

4.c He seemed a little off his game during the sales presentation.

⇒ 판매 발표할 때 그는 평소의 그가 아니었다.

5. 좋아하거나 택하는 것(taking)을 중지함을 의미할 때

5.a I am off meat after I saw the documentary.

5.b He feels good enough to be off medicine now.

⇒ 약을 먹지 않을 정도로 이제 그의 몸 상태는 괜찮다.

5.c She has been off food since she heard the news.

32 Over

1, 위치를 나타낼 때: '~ 위에'

1.a Can you see that beautiful bridge over the river?

1.b Pour the peanut dressing over the salad.

1.c The hood over the table takes away the heat and smoke.

⚠ on과의 차이점은 on은 직접적으로 닿는 물건 위에 있을 때 사용하지만, over는 직접적으로 닿지 않는 경우에 쓰인다.

2, 시간을 나타낼 때: '~ 기간에' '~ 걸쳐서'

2.a Many events are free over the festival weekend.

2.b David eventually broke the news to her over a cup of coffee.

⇒ 커피 한잔 마시는 동안에 David은 마침내 그 뉴스를 그녀에게 말했다.

2.c England and France fought on and off over a hundred years.

3. 나이, 온도, 수, 직위 등이 더 많음/높음을 나타낼 때

3.a He seems to be well over 70.

3.b The temperature is expected to hit over 30 degrees.

3.c There were over 1,000 people at the concert.

3.d She had three senior officers over her.

4. 움직이는 방향을 나타낼 때: '~를 건너서/넘어서' '~의 반대편에'

4.a Several young people jumped over the fence to enter the park.

4.b I quickly realized I stepped over the line.

4.c The army crossed over the river and headed to the castle.

5. 선호(preference)를 나타낼 때

5.a I like this shirt over the other one.

5.b He chose money over loyalty.

5.c A long-term car rental is a good choice over other options.

6. 수단 또는 매개체(medium)를 나타낼 때

6.a A familiar voice came over the loudspeakers.

6.b I made no significant money in direct sales over the internet.

33 To

1. 목적지, 방향을 나타낼 때

1.a This summer my family is going to Europe.

1.b He had to take his mom to hospital every week.

1.c The road to the farm is very narrow.

⚠ here, there, home이 부사의 역할을 할 때는 to를 앞에 사용할 수 없다.

- ~~I won't go to there again~~. ⇨ I won't go there again.
- All you have to do is just sign here.
- ~~I went to home~~. ⇨ I went home.
- On his way home he witnessed a car accident.

2. 영향을 받는 사람/사물을 나타낼 때

2.a I explained to everyone what the cause of the problem was.

2.b People shouldn't be cruel to animals.

2.c The chairman donated a million dollars to his highschool.

3. 시간을 나타낼 때: '~ 까지' '~ 전(前)'

3.a The store is open from Monday to Friday.

3.b It's less than a month to Christmas! ⇒ 크리스마스까지 한 달도 남지 않았다.

3.c The plane arrives ten to six. ⇒ 여섯시 10분전에 비행기가 도착한다.

4. 두 사람/물건/사건 사이의 관계를 나타낼 때

4.a He became security advisor to the president.

4.b She is happily married to a famous writer.
⇒ 그녀는 유명 작가와 행복한 결혼 생활을 보내고 있다.

4.c The canal runs parallel to the railway.

5. 결과를 나타낼 때

5.a I tore the paper to pieces.

5.b Some people starved to death during the Great Depression.

5.c Their sincere help moved her to tears.
⇒ 그들의 진심 어린 도움에 감동받아 그녀는 눈물을 흘렸다.

34 With

1. 함께함을 나타낼 때

1.a Did you go to the concert with her?

1.b Don't worry. I will be with you in a moment.

1.c I don't like coffee with milk.

2. 도구, 물건, 재료를 나타낼 때

2.a What is your opinion about eating pizza with a fork and a knife?

2.b He cleaned the lens with a cloth.

2.c You can keep apples fresh with some salt water.

3. 소유(possession)를 나타낼 때

3.a I like people with a great sense of humor.

3.b The company's upcoming car will come with a glass roof.

3.c Who is the woman with pearl earrings?

4. 타인이나 사건에 대한 감정/태도를 나타낼 때

4.a My parents were strict with me when I was a young boy.

4.b Are you happy with your tennis lessons?

4.c Every person has a responsibility to behave with honesty.

5. 다툼이나 경쟁을 나타낼 때

5.a Don't fight with your brothers.

5.b Most of us experience a disagreement with our supervisor.

5.c He finally won a legal battle with the insurance company.

6. 양보를 나타낼 때: '~ 에도 불구하고'

6.a With all his experience, he thinks there is more to learn.

6.b With all her talents, the actress is still humble.

7. 이유를 나타낼 때

7.a With the assignment, I have to stay up tonight.

7.b His face became red with embarrassment.

35 In time vs. On time 등

영어 숙어 표현들 중에는 단어 하나의 차이로 전혀 다른 의미를 지니는 경우가 많은데 전치사의 차이로 인한 대표적인 경우를 살펴보자.

1. in time vs. on time: in time은 '주어진 시간에 늦지 않게 어느 정도 여유'를 두고 일이 발생하는 경우 또는 '구체적으로 정해지지 않은 시간 이내에' 어떤 일이 일어나는 경우에 사용한다. 한편, on time은 '정확히 주어진 시간에' 발생하는 경우에 사용한다.

1.a I could finish the project in time. ⇒ 시간에 늦지 않게 끝낼 수 있을 거야.

1.b In time they will realize what is good for them.
⇒ 시간이 지나면 언젠가 그들에게 무엇이 좋은 것인지 깨달을 것이다.

1.c ~~The train left in time~~. ⇨ The train left on time.
⇒ 기차가 정시에 떠났다(기차가 출발시간보다 미리 여유를 두고 떠나거나, 구체적으로 정해지지 않은 시간에 떠나는 경우는 없으므로).

1.d Make sure you get there on time tomorrow morning.

2. at the end vs. in the end: at the end는 어떤 사건, 시간, 물건, 장소의 끝 부분을 가리킬 때 '~의 끝에' 뜻으로 사용한다. '~의 처음에는'에 해당하는 표현은 at the beginning이다. 한편, in the end는 '마침내, 결국에는(finally, ultimately)' 또는 '모든 것을 고려했을 때(when everything is considered)'를 의미한다. '초창기에는/처음에 접했을 때'는 at first를 사용한다.

2.a At the end of the show, everyone was weeping.

2.b I watched 12 movies last week. In the end, I can't remember which ones I liked.

2.c At the beginning of the tour we'll see the castle, and at the end we'll have dinner together.

2.d At first we thought he was lazy but in the end he surprised them.

3. married to vs. married with: married to는 '~ 와 결혼한'을 뜻하며, to 다음에는 배우자를 언급한다. married with는 '결혼해서 ~ 가정을 일구고 있는'을 의미하며 '자녀의 수'를 언급한다.

3.a She is married to a German.

3.b He is married with two daughters and a third child on the way.

3.c ~~I am married to three kids~~. ⇨ I am married with three kids.

TEST YOURSELF

1. 우리말을 영어로 잘못 옮긴 것을 고르시오. (2009 국가직 7급) 참고 #25

① 대학은 학생들이 수강신청을 좀 더 쉽게 할 수 있도록 해줘야 한다.
→ The university should make it easier for students to register for classes.

② 부모는 자녀들에게 낯선 사람과 이야기하지 말라고 항상 가르쳐 왔다.
→ Parents have always taught their children not to talk to strangers.

③ '해리포터'의 엄청난 수치에도 불구하고, 일부 분석가들은 그것이 '타이타닉'을 대적하지 못할 것이라고 전망했다.
→ Despite of *Harry Porter*'s tremendous figures, some analysts predicted they could not match *The Titanic*.

④ 나는 시장에서 지갑 도둑들을 조심하라고 들었다.
→ I was told to watch out for purse thieves at the market.

2. 밑줄 친 부분 중 어법상 옳지 않은 것을 고르시오. (2010 지방직 7급) 참고 #25

We know ①very little about Shakespeare, because, in his day, historical stories ②were devoted to the lives of kings. It is ③beyond imagine that a common actor would be ④of interest in the future.

3. 우리말을 영어로 가장 잘 옮긴 것은? (2012 지방직 9급) 참고 #25

그 회사의 마케팅 전략은 대금을 신용카드로 지불하는 것에 익숙한 소비자들을 겨냥하고 있다.

① The company's marketing strategy appeals to the consumers who are accustomed to pay bills by credit cards.

② Company's marketing strategy points toward the consumers who accustom to paying bills by credit cards.

③ The company's marketing strategy appeals to the consumers who are accustomed to paying bills by credit cards.

④ Company's marketing strategy point toward the consumers who accustom to pay bills by credit cards.

4. 밑줄 친 부분 중 어법상 옳지 않은 것을 고르시오. (2011 지방직 9급) 참고 #25

Yesterday at the swimming pool everything seemed ①to go wrong. Soon after I arrived, I sat on my sunglasses and broke them. But my worst moment came when I decided to climb up to the high diving tower to see ②how the view was like. ③Once I was up there, I realized that my friends were looking at me because they thought I was going to dive. I decided I was too afraid to dive from the height. So I climbed down the ladder, feeling very ④embarrassed.

5. 다음 빈 칸에 들어갈 말로 가장 적절한 것은? (2013 경찰공무원) 참고 #25

A preliminary investigation indicates that the accident occurred ____ the pilot's fatigue.

① because ② when ③ since ④ because of

6. ㉠~㉢에 각각 들어갈 말로 가장 올바르게 짝지어진 것은? (2014 경찰공무원) 참고 #25

a) He was looking forward to (㉠) with you.
b) Her parents would not let her (㉡) to Europe.
c) I make it a rule to enjoy (㉢) badminton.

	㉠	㉡	㉢
①	working	to go	playing
②	work	to go	play
③	worked	go	playing
④	working	go	playing

7. 우리말을 영어로 잘못 옮긴 것은? (2015 사회복지 지방직 9급) 참고 #25

① 우리는 그녀의 행방에 대해서 아는 바가 전혀 없다.
→ We don't have the faintest notion of her whereabouts.

② 항구 폐쇄에 대한 정부의 계획이 격렬한 항의를 유발했다.

→ Government plans to close the harbor provoked a storm of protest.

③ 총기 규제에 대한 너의 의견에 전적으로 동의한다.

→ I couldn't agree with you more on your views on gun control.

④ 학교는 어린이들의 과다한 TV 시청을 막기 위한 프로그램을 시작할 것이다.

→ The school will start a program designed to deter kids to watch TV too much.

8. 우리말을 영어로 잘못 옮긴 것은? (2014 국가직 7급) 참고 #25

① 그녀는 가족과 함께 있을 때 가장 행복하다.

→ She is happiest when she is with her family.

② 사고 후 그는 왼손을 사용하는 데 익숙해지고 있었다.

→ He was getting accustomed to using his left hand after the accident.

③ 내 급우들 중 3분의 2가 졸업 후 직장을 알아볼 예정이다.

→ Two thirds of my classmates are going to look for jobs after graduation.

④ 책임감이 그로 하여금 결국 자신을 희생하게 한 위험한 일을 맡도록 재촉하였다.

→ His sense of responsibility urged him to undertake the dangerous task which he eventually sacrificed himself.

9. 우리말을 영어로 잘못 옮긴 것은? (2016 사회복지 지방직 9급) 참고 #25

① 네가 하는 어떤 것도 나에게는 괜찮아.

→ Whatever you do is fine with me.

② 나는 어떤 일도 결코 우연히 하지 않았으며, 내 발명 중 어느 것도 우연히 이루어진 것은 없었다.

→ I never did anything by accident, nor did any of my inventions come by accident.

③ 사랑은 서로를 응시하는 것에 있지 않고, 같은 방향을 함께 바라보는 것에 있다.

→ Love does not consist in gazing at each other, but looks outward together in the same direction.

④ 자원봉사자들은 그들이 가치가 없기 때문이 아니라, 매우 귀중하기 때문에 보수를 받지 않는다.

→ Volunteers aren't paid, not because they are worthless, but because they are priceless.

10. 다음 문장에서 어법상 가장 적절하지 않은 것은? (2018 경찰공무원) 참고 #25

> The people ㉠were stunned into ㉡silent as they slowly began ㉢to realize ㉣what the mayor's statement meant to their future as citizens in the city.

① ㉠ ② ㉡ ③ ㉢ ④ ㉣

11. (A), (B)에 들어갈 표현으로 어법상 가장 적절한 것은? (2016 지방교육행정직) 참고 #25

> Kids and tickling go together ___(A)___ milk and cookies, right? But tickle your newborn and she may not so much as crack a smile. Why? It's not really the sensation of being tickled that makes a child ___(B)___—in fact, studies show most people don't truly enjoy the feeling.

(A) (B)

① like — laugh

② like — to laugh

③ alike — laugh

④ alike — to laugh

12. 우리말을 영어로 가장 바르게 옮긴 것은? (2017 국가직 지역인재 9급) 참고 #25

① 그녀는 몇 가지 건강 문제가 있다.
→ She has a few health trouble.

② 늘 집에 앉아만 있지 말고 밖으로 나가지 그러니?
→ Why don't you go out instead of sitting at home all the time?

③ 이번 주말에 해변에 가는 것에 대해 어떻게 생각하니?
→ How do you think about going to the beach this weekend?

④ 당신이 즐겁게 지냈다면 휴가 비용은 문제가 되지 않는다.
→ Your holiday cost doesn't matter unless you enjoyed yourself.

13. 다음 밑줄 친 부분에 들어갈 가장 적절한 표현은? (2016 국회 9급) 참고 #25, 34

> Passive investments by Korean investors to the overseas markets are likely to continue in the second half of the year, especially with global economic expansion __________.

① is likely to further retreat
② is likely to be further retreated
③ likely to further retreat
④ likely to be further retreat
⑤ like to further retreat

14. 우리말을 영어로 잘못 옮긴 것은? (2017 서울시 9급) 참고 #26

① 우리는 그에게 이 일을 하도록 요청했다.
→ We asked him about this job.

② 그들은 TV 빼고는 모두 훔쳤다.
→ They stole everything but the television.

③ 식사할 때 물 마시는 게 좋니?
→ Is drinking water while eating good for you?

④ 그렇긴 하지만, 그것은 여전히 종교적 축제이다.
→ That said, it is still a religious festival.

15. 우리말을 영어로 잘못 옮긴 것은? (2013 국가직 9급) 참고 #27

① 나이가 들어가면 들어갈수록 그만큼 더 외국어 공부하기가 어려워진다.
→ The older you grow, the more difficult it becomes to learn a foreign language.

② 우리가 가지고 있는 학식이란 기껏해야 우리가 모르고 있는 것과 비교할 때 지극히 작은 것이다.
→ The learning and knowledge that we have is at the least but little compared with that of which we are ignorant.

③ 인생의 비밀은 좋아하는 것을 하는 것이 아니라 해야 할 것을 좋아하도록 시도하는 것이다.
→ The secret of life is not to do what one likes, but to try to like what one has to do.

④ 이 세상에서 당신이 소유하고 있는 것은 당신이 죽을 때 다른 누군가에게 가지만, 당신의 인격은 영원히 당신의 것일 것이다.
→ What you possess in this world will go to someone else when you die, but your personality will be yours forever.

16. 밑줄 친 부분 중 어법상 옳지 않은 것을 고르시오. (2012 지방직 7급) 참고 #29

There's an old joke told by a comic, ①who referred to his accommodations from the previous night by saying, "What a hotel! The towels were so big and fluffy I ②could hardly close my suitcase." Over the last few years, the moral dilemma ③faced hotel guests has changed. These days, the question of whether to remove the towels from their room has been replaced by the question of whether to re-use the towels ④during the course of their stay.

17. 밑줄 친 부분에 들어갈 말이 순서대로 짝지어진 것은? (2013 국회 9급) 참고 #29

A. We must read the next chapter __________ tomorrow.

B. We stayed at the bar __________ 4:00 AM.

C. It's been raining on and off __________ last Sunday.

① by - by - since
② till - till - since
③ till - by - from
④ by - till - from
⑤ by - till - since

18. 밑줄 친 부분 중 어법상 옳지 않은 것을 고르시오. (2011 사회복지 지방직 9급) 참고 #30

While the world's eyes are focused ①to the deficiencies of the U.S. electoral system, ②bigger constitutional problems are ③confronting ④a few of Asia's fledgling democracies.

19. 빈 칸에 공통으로 들어갈 말로 가장 적절한 것은? (2014 경찰공무원) 참고 #33

- He was sentenced ____ three years in prison.
- When polite requests failed, he resorted ____ threats.

① in　　② on　　③ to　　④ for

20. 빈칸에 순서대로 들어갈 말로 가장 적절한 것은? (2015 경찰공무원)　　참고 #33

> Culture shock is the feeling some people experience when they travel to a new country or part of the world ( ) the first time. Sometimes the food, style of dress, and other aspects of life in a new country are ( ) different that people have a hard time adjusting ( ) this new way of life. Culture shock can last for days, weeks, or even months.

① in - very - for　　② for - so – to
③ in – so - for　　④ for - very - in

21. 우리말을 영어로 잘못 옮긴 것을 고르시오. (2009 국가직 7급)　　참고 #34

① 그 방법이 통하지 않았기 때문에 나는 학생들에게 나를 따라 반복하도록 했다.
→ As the method didn't work, I had the students repeat after me.

② 당신이 필요로 하지 않는 물건을 구입하는 것은 단지 돈 낭비일 뿐이다.
→ It was just a waste of money buying things you can dispense without.

③ 조난선 승무원들은 해안 경비대와 연락을 시도하려고 애를 썼다.
→ The crew of the wrecked ship tried to get through to the coast guard.

④ 경제가 바닥을 쳤으므로 지금부터 경제가 호전될 것이라고 기대할 수 있다.
→ The economy hit bottom, so we can expect it will improve from now on.

22. 우리말을 영어로 잘못 옮긴 것을 고르시오. (2012 국가직 9급)　　참고 #34

① 예산이 빡빡해서 나는 15달러밖에 쓸 수가 없다.
→ I am on a tight budget so that I have only fifteen dollars to spend.

② 그의 최근 영화는 이전 작품들보다 훨씬 더 지루하다.
→ His latest film is far more boring than his previous ones.

③ 우리 회사 모든 구성원의 이름을 기억하다니 그는 생각이 깊군요.
→ It's thoughtful of him to remember the names of every member in our firm.

④ 현관 열쇠를 잃어버려서 안으로 들어가기 위해 나는 벽돌로 유리창을 깼다.
→ I'd lost my front door key, and I had to smash a window by a brick to get in.

23. 밑줄 친 부분 중 어법상 옳지 않은 것을 고르시오. (2014 국회 8급) 참고 #34

The rattles ①in which a rattlesnake warns of its presence ②are formed by loosely interlocking hollow rings of hard skin, which make a buzzing sound ③when its tail is shaken. As a baby, the snake begins to form its rattles from the button at the very tip of its tail. Thereafter, each time it sheds its skin, a new ring is formed. Popular belief ④holds that a snake's age can be told by counting the rings, but this idea is fallacious. In fact, a snake may lose its old skin as often as four times a year. Also, rattles tend to wear or break off ⑤with time.

Answer and Explanation

1	③	'~임에도 불구하고'에 맞는 표현은 'despite+목적어' 또는 'in spite of+목적어'를 사용.
2	③	전치사 beyond의 목적어로 명사형이 필요하므로 imagination.
3	③	'~에 익숙하다' 의미를 지닌 'be accustomed to+명사형' 숙어를 테스트하는 문제로 to가 전치사임을 인지하는 것이 중요.
4	②	'to see' 이하는 see의 목적어 역할을 하는 절이다. 그런데 'how the view was like'에서 how는 의문부사인 관계로 전치사 like의 목적어 역할을 할 수 없다. 따라서 관계 대명사인 what(=the thing which)이 like의 목적어 역할과 함께 절을 이끌 수 있으므로 올바른 표현이다.
5	④	빈칸 다음에 명사구만 있으므로 절을 필요로 하는 접속사는 사용할 수 없다. 'because of'의 경우 전치사의 목적어로 명사구 표현 사용 가능.
6	④	'look forward to'의 to는 전치사로서 목적어는 V-ing를 필요하므로 working. let은 사역동사이므로 목적어 다음에 동사원형인 go. enjoy 다음의 동사 표현 목적어는 V-ing사용하므로 playing.
7	④	'~가 ... 하는 것을 막다'에 맞는 표현은 'deter someone from V-ing'이므로 'deter kids from watching'으로 수정.
8	④	④번에서 선행사 the dangerous task 이후 관계절의 뜻을 보면 '그가 결국 자신을 희생했다'라는 의미만 담고 있다. 즉, 선행사와 관계절이 연관성을 지니고 있지 않다. '그 일을 위해(for the dangerous task) 그가 결국 자신을 희생했다'라는 의미를 표현하기 위해서는 'the dangerous task which he eventually sacrificed himself for' 또는 'the dangerous task for which he eventually sacrificed himself'로 수정해야 함. ①번에서 최상급 happiest 앞에 the를 사용하지 않은 것은 구체적으로 비교하는 대상이 없으므로 'very'의 뜻을 나타내기 위한 표현임. ②번은 '~에 익숙해지다' 뜻의 'get accustomed to+V-ing' 구문을 사용.
9	③	③번 문장을 올바르게 표현하기 위해서는 'not A but B' 구문을 사용해야 한다. 그리고 A와 B는 같은 형식을 지녀야 하므로 올바른 문장은 ..., but in looking outward together in the same direction이다. but이하에서 동사(consist)는 앞 절과 동일하므로 생략.
10	②	전치사의 목적어로 명사를 사용해야 하므로 silent > silence로 수정.

11	①	문맥상 '우유와 쿠키처럼 같이 한다'가 맞으므로 (A)에는 전치사 like가 적절. alike는 명사를 뒤에서 수식하는 형용사임. (B)는 사역동사인 'make+사람 목적어+동사원형' 구문이므로 laugh가 맞음.
12	②	②번은 'instead of+명사 표현'이므로 동명사 sitting의 사용은 적절함. ①번은 '몇 가지'에 해당하는 복수 표현 a few health problems로 수정. ③번에서 상대방의 의견을 물을 때는 'What do you think of V-ing ... ?' 표현을 사용해야함. ④번의 'unless you enjoyed yourself'는 '당신이 즐기지 못했다면'의 뜻이므로, 문맥상 논리적으로 맞는 표현인 'if you enjoyed yourself'로 수정.
13	③	전치사 with이하의 목적어로 명사구(global economic expansion)가 쓰였는데 이를 뒤에서 수식하는 접속사나 관계 대명사가 없는 경우에는 절이 올 수 없다. 즉, '명사구+접속사/관계 대명사+주어+동사'의 형식이어야 한다. 또한, 전치사 다음에 바로 '주어+동사'의 절이 올 수 없다. 대신에, 전치사 다음의 명사를 뒤에서 수식할 수 있는 형용사는 가능하다. 따라서 global economic expansion의 보어에 해당하는 형용사 likely로 시작하는 ③번이 올바른 표현임. ④번은 be 동사 다음에 동사원형(retreat)을 사용할 수 없는 원칙에 위반됨. ⑤번의 like를 전치사로 여길 경우, 다음에 to-부정사를 사용할 수 없으므로 역시 오답임.
14	①	①번 영어 문장은 '우리는 그에게 이일에 대해 물어보았다'를 의미한다. '요청하다'의 뜻을 나타내기 위해서는 'We asked him to do this job.'으로 수정.
15	②	at the least는 '적어도'의 뜻이며 '기껏해야'에 해당하는 표현은 'at the most'임.
16	③	호텔의 타월이 너무 좋아서 손님들이 예전에는 훔쳐 가고 싶은 유혹을 느꼈다는 내용의 글로, ①번의 comic은 '희극인(comedian)'을 뜻하므로 문맥에 적합. 'The towels were so big and fluffy I ②could hardly close my suitcase.'의 의미는 '타월이 너무 크고 푹신해서 (그것들을 훔쳐서 집에 가지고 가려다 보니) 내 가방을 거의 잠글 수 없을 정도가 되었다'를 뜻함. 이 문장에서 'I' 앞에는 접속사 that이 생략됨. ③번에서 '호텔 손님들이 직면한 도덕적 딜레마'를 표현하기 위해서는 'the moral dilemma faced by hotel guests'로 수정해야 함.
17	⑤	A 문장은 책을 내일까지 지속적으로 읽는 것(till)이 아니라 내일까지만 읽는 것을 끝내면(by) 된다는 뜻이다. 즉, 특정 시점 이전에 종료하기만 하면 될 때는 by를 사용한다. B 문장의 경우는 bar에서 4시까지 지속적으로 머물렀음을 의미하므로 till이 적절함. C 문장의 빈 칸에는 '~ 이래로' 의미를 지닌 전치사가 필요하므로 since가 맞음.
18	①	'~에 집중하다'는 focus on

19	③	'~ 형벌에 처하다'는 sentence to 그리고 '~에 의존하다/~를 사용하다'는 resort to 이므로 공통 전치사는 to.
20	②	'처음으로'에 적절한 표현은 'for the first time'임. 두 번째 문장은 '너무 ~해서 −하다' 내용을 담고 있다. 따라서 so ~ that 구문이 필요. adjust 다음에는 전치사 to 사용.
21	②	'~없이 지내다, ~는 굳이 필요치 않다' 의미를 지닌 표현은 'dispense without'이 아니라 'dispense with'임. ①번 문장의 'I had the students repeat after me'에서 had는 사역동사로 목적어 다음의 행동을 목적어가 스스로 행할 수 있으면 동사원형을 사용한 표현임.
22	④	벽돌이라는 도구로 유리창을 깼으므로 전치사는 with 사용.
23	①	첫 문장은 '방울뱀은 방울을 가지고 자신의 존재를 경고한다'의 뜻이므로 도구를 나타낼 때 사용하는 전치사 with로 바꾸어야 한다: in which > with which. 마지막 문장의 'with time'에서 with는 '~ 하면서' 즉 '시간이 지나면서'를 뜻함.

III

문장구성

36 문장(sentence)과 절(clause)

문장(sentence)은 한 개 또는 그 이상의 절(clause)로 이루어진다. 그런데 두 개 이상의 절을 포함할 경우에는 이들을 연결시키는 접속어가 꼭 필요하다. 두 개의 절을 어떠한 접속어도 없이 한 문장에 사용해서는 안 된다.

우선 절이란 무엇인지 알아보자. 근본적으로 주어와 동사를 한 개씩 포함한 것이 절인데 여기에서 주어는 상황에 따라 생략이 가능하다.

1. 한 개의 절 ⇨ 한 문장

a. The bird(주어) sings(동사).

b. I(주어) like(동사) apples(목적어).

c. I(주어) wish(동사) you(목적어) a pleasant day(목적어).

d. This morning(부사) Tom(주어) met(동사) Susan(목적어).

e. Come(동사) here(부사). ➜ 주어인 You는 명령문에서 생략가능.

2. 두 개의 절 ⇨ 한 문장

f. He works in the city(절) but(접속어) he lives in the suburbs(절).

g. He said(절) that(접속어) he stopped smoking(절).

h. Because(접속어) the sale item was so popular(절), the store ran, out of it quickly(절).

i. We played football(절), though(접속어) it rained heavily(절).

j. Janet, who(접속어) is 3 years younger than me(절), is much taller, than me(절).

k. ~~She had dinner, she went out.~~ ⇨ After she had dinner, she ...

l. ~~John reads novels, Jack reads comics.~~ ⇨ John reads novels, but Jack ...

3. 세 개 또는 그 이상의 절 ⇨ 한 문장

m. The man woke up(절) when(접속어) the dog barked(절) and(접속어) he turned on the light(절).

n. I went home(절) because(접속어) it was getting late(절), but(접속어) I couldn't get into the house(절) because(접속어) I had lost the key(절).

37 절로 취급할까 말까?

앞 장에서 절이란 주어와 동사를 포함한 표현(주어는 문맥에서 생략 가능)이라고 정의하였는데, 겉모습은 절처럼 생겼지만 절로 취급받지 못하는 구조들이 있으므로 절을 좀 더 자세히 살펴보자.

a. That sounds good.
b. I spoke to Joanne last night.
c. We didn't get any food because we didn't have enough time.

위 문장들에서 밑줄 친 동사들은 모두 시제(현재 또는 과거 시제)를 나타내주고 있다. 이처럼 시제를 나타내는 동사를 포함한 절을 정형절(finite clause)이라고 부르며 우리가 통상적으로 절이라고 할 때 다루는 구조이다.

시제를 나타내지 않는 동사를 사용한 절을 비정형절(nonfinite clause)이라고 하는데 크게 두 부류이다: 'to+동사원형' 형태를 취하는 'to 부정사 절' 그리고 '동사+ing' 또는 '동사+ed'의 형태를 취하는 '분사구문'이다.

d. You have to look at the picture carefully (to see all the detail).
e. We merely want (to live in peace).
f. I know the man (sitting next to the door).
g. (Shouting loudly), Jason walked home.
h. (Disappointed with the quality), the boss decided to fire him.
i. Don't forget to fill in the form (attached to the letter).

d~i의 문장에서 괄호안의 요소를 절이라고 볼 수 있다. 모든 경우에서 주어가 문맥상 뚜렷하기 때문에 생략되었으므로; 예 e 문장의 경우 to live의 주어는 we.

Important

d~i 문장의 괄호안 절과 정형절과의 차이점은 밑줄 친 동사 표현들이 시제를 나타내고 있지 않다는 점이다. 따라서 비록 비정형절이라고 부르지만 절로 취급하지 않는 학자들도 있다. 그들은 절 대신에 구(phrase)로 다룬다. 그 근거로 괄호안의 내용들이 문장의 한 요소인 명사, 형용사, 부사의 역할을 하는 것을 들고 있다. 가령 d와 h 문장의 괄호 안 요소는 부사의 역할을 그리고 e 문장의 경우 'to 부정사 절'은 명사의 역할을 하고 있다.

38 한 절에 한 개만! ⇨ 무엇을? ⇨ 본동사!

a. She drives to church every Sunday.
b. She will go to New York tomorrow.
c. She drove fast not to miss the train.
d. She drove to the hardware store and bought a new drill.
e. After she was finished with her classes, she would drive to the radio station.
f. She drove away, saying that she really enjoyed the party.

위 문장들에서 밑줄 친 동사를 본동사(main verb)라고 한다. 본동사는 주어의 동작이나 상태에 대한 의미를 전달하는 주요 동사이다. 본동사는 단독으로 쓰일 수도 있고 조동사(be, being, been, is, am, are, was, were, do, did, does, has, have, had, must, may, can, shall, will, might, could, would, should)와 함께 사용하기도 한다.

a 문장처럼 본동사가 단독으로 쓰일 때는 시제, 인칭, 수를 나타낸다. 하지만 b문장처럼 조동사와 같이 쓰일 때는 조동사가 시제를 나타내는 역할을 한다.

본동사의 쓰임과 관련하여 가장 중요한 것은, 하나의 절에 본동사는 하나만 쓰인다는 점이다. a, b 문장처럼 문장이 하나의 절로 구성된 경우에는 하나의 본동사만이 존재한다. c 문장은 'to 부정사 절'을 포함한 두 개의 절로 구성되어 있는데, 'to 부정사 절'은 실질적으로 명사, 형용사, 부사의 역할을 하기 때문에 본동사를 포함하지 않는 것으로 다룬다. 한편, d, e 문장처럼 두 개의 절로 구성된 경우에는 각각의 절에 하나의 본동사만이 존재한다. f 문장은 '주절 +분사절+that-절'로 구성되어 있다. '분사절'은 'to 부정사 절'과 마찬가지로 본동사를 포함하지 않으므로, f 문장에는 총 두 개의 본동사가 있다.

본동사가 각 절에 한 개만 존재한다는 사실이 중요한 점은, 학습자들이 다음과 같은 실수를 많이 범하기 때문이다.

g. She drove fast not to ~~missed~~ the train.

g 문장의 경우 'to 부정사' 절은 본동사를 포함하지 않는 것으로 여기므로, 시제를 나타내는 표현을 쓸 수 없고, 항상 동사원형을 사용해야 한다. 그런데 앞의 drove의 시제와 일치시키기 위해 위와 같은 문장을 사용하는 오류를 범하는 경우가 있다.

39 '한 절엔 하나의 본동사' 규칙을 위반한 경우

h. ~~She drove to the hardware store bought a new drill~~.

위 문장은 접속사를 포함하고 있지 않으므로 외견상 하나의 절로 구성된 문장이지만, 시제를 나타내고 있는 두 개의 본동사(drove와 bought)가 있다. 두 개의 본동사를 포함하려면 두 개의 절로 구성이 되어야 하므로 'She drove to the hardware store and bought a new drill.'로 수정하거나, 또는 문장 전체를 하나의 본동사만 포함하는 절로 바꾸어야 한다. 후자의 경우, 비정형절을 사용하면 하나의 본동사만 포함하는 문장으로 바꿀 수 있는데 다음의 두 가지 방법이 있다: 'She drove to the hardware store to buy a new drill.' 또는 'After driving to the hardware store, she bought a new drill.'

i. ~~She drove away, said that she really enjoyed the party.~~

이 문장의 경우 접속사를 한 개만(that) 포함하고 있다. 즉 접속사가 하나만 있다는 것은 문장 전체가 두 개의 절로 구성되어있다는 의미인데, 시제를 나타내는 본동사는 세 개를 포함하고 있다. 따라서 각각의 본동사를 활용하여 세 개의 절로 수정하거나, 접속사 한 개만을 활용하여, 두 개의 절(각 절에 본동사 하나씩)이 있는 문장으로 수정해야한다. 전자의 경우, 'She drove away and she said that she really enjoyed the party.'로 후자의 경우, 'She drove away, saying that she really enjoyed the party.'로 수정할 수 있다.

j. After she was finished with her classes, ~~she drove listened to some music~~.

이 문장에서는 하나의 절에 시제를 나타내는 본동사 두 개가 연이어 사용되고 있다. 즉 '하나의 절에는 하나의 본동사' 원칙을 위배하고 있다. 올바른 문장으로 수정하면, 문맥상 '운전과 음악을 듣는 행동을 동시에 하고 있으므로' 다음과 같이 바꿀 수 있다: After she was finished with her classes, she drove listening to some music. 즉, 두 번째 절을 본동사 하나와 나머지 동사는 비정형절인 분사구문으로 바꾸면 된다.

40 문장 요소의 생략, Part 1

우리말과 영어의 사용을 비교할 때 셀 수 없을 정도의 많은 차이점이 있지만, 매우 드물게 아주 유사한 경우도 있는데 문장 요소의 생략이 대표적인 경우이다.

- 지호 야구 보러 간데? 응. ⇨ Is Jiho going to the baseball game? Yes.
- 피곤하니? ⇨ Tired?

두 언어에서 문장의 요소를 생략하는 경우는 크게 두 가지이다. 위의 첫 번째 예시처럼 반복을 피하기 위해서(응. 지호 야구 보러 간데. ; Yes. He is going to the baseball game.) 그리고 두 번째 예시처럼 특정 요소가 없어도 문장의 의미가 명확한 경우이다(너 피곤하니?; Are you tired?). 영어에서의 생략을 좀 더 자세히 살펴보자.

1. 반복을 피하기 위해서 생략하는 경우

a. 질문에 답을 할 때, 같은 요소를 생략

- When are you leaving? ~ Around ten. ⇦ I am leaving around ten.
- Is she out? ~ No, working. ⇦ No, she is working.

b. 등위접속사(and, but, or 등) 구문에서 반복된 요소의 생략

- He was poor but courageous. ⇦ ... but he was courageous.
- a knife and stick ⇦ a knife and a stick
- Bill and Jane washed the car. ⇦ Bill washed the car and Jane ...

Important

위의 문장처럼 두 절에서 동사와 목적어가 같을 때는 간략한 문장 구조를 위하여 일반적으로 첫 번째 동사와 목적어를 생략한다.

c. to-부정사 구문에서 부정사 이하를 생략하거나, to-부정사 구문 전체를 생략

- I don't like football much, but I used to. ⇦ ... used to like it.
- Visit again when you are available. ⇦ ... are available to visit.

d. 동사의 경우 같은 형태가 아니어도 반복을 피하기 위해 생략

- I have always watched the show and I will. ⇦ ... and I will watch it.
- I will apply for the position as I have. ⇦ ... as I have applied ...

e. 의문사 다음에 절 전체를 생략

- Somebody's knocking on the door but I don't know who.
  ⇦ ... who is knocking on the door.

41 문장 요소의 생략, Part 2

2. 특정 요소가 없어도 문장의 의미가 명확하기 때문에 생략하는 경우

a. 문장의 시작부분을 생략
- Called Tom? ⇦ Have you called Tom?
- Don't know what you are doing. ⇦ You don't know what ...
- She want something? ⇦ Does she want something?

b. 명사구의 일부분을 생략
- Which shirt are you going to buy? ~ This. ⇦ This shirt.
- My notebook computer isn't working. I think I have to borrow John's. ⇦ ... John's notebook computer.
- This cookie tastes great. ~ Have another. ⇦ Have another cookie.

c. 동사구에서 조동사 다음을 생략. 조동사가 여러 개일 때는 첫 번째 것만 남겨두고 이하는 생략.
- She said she would call but she hasn't. ⇦ ... she hasn't called.
- You should have come to the party. ~ Yes, I should.
  ⇦ ... I should have come to the party.

d. be 동사 다음의 보어 생략
- I am exhausted. ~ I am too. ⇦ I am exhausted too.
- Who is the painter? ~ He is. ⇦ He is the painter.

e. 비교급 구문에서 접속사 다음에 생략
- It is as warm as yesterday. ⇦ ... as it was yesterday.
- She found more treasures than I. ⇦ ... than I found.

f. 접속사 that, 목적격 관계 대명사, 주격 관계 대명사+be 동사의 생략
- He just can't believe it is true. ⇦ ... believe that it is true.
- This is the cafe I talked about. ⇦ ... the cafe that/which I talked ...
- I know the man lying on the beach. ⇦ the man who is lying ...

g. 일부 접속사 다음에 주어와 be 동사의 생략
- Though smart, he is not honest. ⇦ Though he is smart, he ...
- If possible, come here by six. ⇦ If it is possible, come ...
- He burned his hand while cooking. ⇦ ... while he was cooking.

h. 잘 알려진 지명이나 이름의 끝 단어 생략
- The vice president is staying at the Sheraton. ⇦ ... Sheraton Hotel
- Joe is playing at the Shubert tomorrow. ⇦ ... Shubert Theater

42 목적어 한 개를 필요로 하는 동사, Part 1

타동사는 목적어를 필요로 하는데 목적어 하나만을 요구하는 동사와 두 개를 필요로 하는 동사가 있다. 목적어 두 개를 필요로 하는 동사를 일반적으로 4형식 동사라 부른다. 목적어 하나만을 필요로 하는 동사는 다음 세 가지 유형으로 나눌 수 있다.

1. 목적어만 있으면 되는 경우 ➜ 3형식 동사
2. 목적어와 함께 전치사구를 필요로 하는 경우 ➜ 3형식 동사
3. 목적어와 목적격 보어를 포함하는 경우 ➜ 5형식 동사

위 세 유형을 자세히 살펴보자. 1번 유형의 예는 다음 두 문장과 같은데 목적어 이외의 다른 요소 없이도 의미적으로 완벽한 문장들이 여기에 속한다.

a. I had the meal.
b. She remembers the disaster.

이 유형의 문장에서는 부사나 전치사구를 선택적으로 사용할 수 있다, 예 I had the meal with Sam; She remembers the disaster clearly.

반면에 2번 유형에 속하는 다음 두 문장의 동사는, 목적어에 이어 보어의 역할을 하는 전치사구를 필수적으로 요구한다. 밑줄 친 요소가 없으면 의미적으로 완성된 문장이 되지 못한다.

c. The police charged him with reckless driving.
➜ 경찰이 고소한 이유가 필수적으로 언급되어야 함.

d. David introduced me to Jane.
➜ 누구에게 소개했는지에 대한 언급이 있어야 함.

< 2번 유형에 속하는 동사 + 전치사구 >

accuse ~ of	charge ~ with	compare ~ with	congratulate ~ on
convince ~ of	deprive ~ of	inform ~ of	interest ~ in
introduce ~ to	persuade ~ of	prevent ~ from	provide ~ with
refer ~ to	relieve ~ of	remind ~ of	rob ~ of
sentence ~ to	serve ~ with	subject ~ to	suspect ~ of
tell ~ about	thank ~ for	treat ~ to	warn ~ of

43 목적어 한 개를 필요로 하는 동사, Part 2

2번 유형에 해당하는 동사들의 사용 예를 좀 더 살펴보자.

e. I informed her of the test result.
f. The city provided them with a new house.
g. Your letter reminds me of many happy days.
h. She thanked Tom for the gift.

이제 3번 유형으로 목적어와 목적격 보어를 포함하는 소위 5형식 동사의 쓰임을 살펴보자. 이 유형에서 목적격 보어는 목적어에 대한 추가적인 정보를 제공하는 역할을 한다.

i. ~~He made me~~.
j. He made me angry.

위 i 문장의 '그는 나를 만들었다'는 의미적으로 불완전하다. 나를 어떻게 만들었는지에 대한 언급이 없기 때문이다. j 문장처럼 목적어(me)에 대한 추가적인 정보를 제공하는 목적격 보어(angry)가 필요하다. 목적격 보어가 사용되는 예를 더 살펴보면,

k. Johnson kept it secret.
l. We found the hotel satisfying.
m. I heard her yell.
n. I believe it to be true.
o. The company doesn't consider it a loss.

위 k~o 문장에서 사용된 목적격 보어를 보면, 형용사, 동사원형, to-부정사, 명사 등 다양한 형태가 가능함을 알 수 있다.

Important

동사의 특징과 관련하여 매우 중요한 사실은 많은 동사들이 꼭 한 가지 유형에 국한되지 않는다는 점이다. 위에서 사용된 동사들(keep, found, heard, believe 등)이 언제나 목적어와 목적격 보어를 필요로 하는 것은 아니다. 그렇게 사용할 수도 있고 목적어 하나만 있는 문맥에서도 사용할 수 있다. 다음의 예들은 목적어만 사용한 경우이다: He made the cake; I believe you; They heard the noise; She found the key; I need more time to consider my option. 궁극적으로 문맥에 따라 어떤 요소를 필요로 하는지가 결정된다.

44 목적어 두 개를 필요로 하는 동사

타동사 중에는 목적어 2개를 취해야만 문장의 의미가 완성되는 경우가 있다. 가령 'give' 동사의 경우 '누군가에게' 주고 또한 '무엇을' 준다는 것이 뒤 따라야만 문장에서 필요한 의미가 충족하게 된다. 여기에서 '누구'는 간접목적어(indirect object) 그리고 '무엇'은 직접목적어(direct object)에 해당한다. 이처럼 2개의 목적어를 포함한 문장을 4형식 문장이라고 부른다. 아래 표에 주어진 동사들이 목적어 2개를 필요로 하는 대표적인 동사들이다.

allow ask bring charge envy find fine forgive give hand leave lend make offer order owe pay promise read refuse reserve save send serve show spare teach tell throw wish

	주어	동사	간접목적어	직접목적어
a.	He	gave	me	his phone number.
b.	Jones	brought	her	a bouquet of flowers.
c.	She	offered	him	a drink.
d.	He	sent	me	a Christmas card.
e.	I	taught	them	a lesson.
f.	Dad	told	me	a funny joke.
g.	She	threw	him	a look of encouragement.

간접목적어는 직접목적어의 혜택을 받는 '사람' 또는 '물건'을 의미하며, 명사구의 형식을 지닌다. 한편, 직접목적어는 다양한 형식을 취할 수 있다: 명사구, that-절, wh-절 등.

h. The child gave the flower some water.
i. She read me a note from Mr. Jackson.
j. I wished them a happy New Year.
k. He reminded the boss that the meeting was canceled.
l. I asked him why he came so late.
m. You have to promise me that you will keep this secret.
n. The host showed the guests how to make an exotic cocktail.

45 목적어 두 개 문장을 한 개 문장으로 변환

목적어 2개를 필요로 하는 동사가 사용된 문장을, 목적어 한 개만을 포함하는 문장으로 변환시킬 수 있다. 그 변환 방식은 다음과 같다.

> 주어 + 동사 + 간접목적어 + 직접목적어
> ➜ 주어 + 동사 + 직접목적어 + to(또는 간혹 for) + 간접목적어

a. He sent me a Christmas card. ⇨ He sent a Christmas card to me.
b. I wished them good luck. ⇨ I wished good luck to them.
c. My friend told me a joke. ⇨ My friend told a joke to me.

⚠ 위와 같이 변환이 가능한 구문을 사용할 때, 학습자들이 자주 범하는 오류가 있다. 가령, '나는 그녀에게 선물을 주었다' 문장을 영작할 때 다음 세 가지 문장 중 한 형식을 사용한다.

• I gave her a gift. • I gave a gift to her. • ~~I gave to her a gift~~.

위 세 번째 오류 문장은, '간접목적어+직접목적어'의 형식을 택할 때 간접목적어 앞에 전치사를 사용하면 안 되는데 to를 사용한 흔히 볼 수 있는 오류 문장이다. 이와 같은 오류를 범하는 이유는 대체적으로 우리말 간섭에 따른 것이다. 우리말은 '나는 그녀에게 선물을 주었다' 또는 '나는 선물을 그녀에게 주었다'처럼 간접목적어의 위치가 달라도 '~에게'가 따라다닌다. 이러한 이유로 '~에게' 표현에 해당하는 'to'를 간접목적어의 위치에 상관없이 영어에서도 사용하는 경우가 많다.

Important

목적어가 2개 있는 문장을 한 개만 있는 문장으로 변환할 때, 전치사는 언제나 to를 사용해야 하는 것으로 알고 있는 경우가 많은데 for를 사용하는 경우도 있으므로(예 Can you save me a seat? ⇨ Can you save a seat for me?) 사전을 참고하는 것이 바람직하다.

⚠ 목적어 두 개를 가지는 동사들 모두가 '간접목적어+직접목적어' 또는 '직접목적어+전치사+간접목적어' 두 형태로 다 사용가능한 것은 아님에 유의해야 한다.

• I envied him his success. ⇨ ~~I envied his success to him.~~
• The pants cost me 50 dollars. ⇨ ~~The pants cost 50 dollars to me~~.

46 관계절과 관계 대명사, Part 1

- The man (who lives next door) is very kind.
- I lost the book (which she gave me).
- She complained to the man (whose dog almost bit her).

위의 세 문장에서 보듯이 괄호안의 관계절은 who, that, which, whose와 같은 관계 대명사를 사용하여 앞의 명사(선행사)를 수식하는 역할을 한다. 대부분의 길이가 긴 문장은 관계절을 포함하고 있어서, 관계절을 잘 분석해야만 문장의 정확한 의미를 파악할 수 있다. 다양한 관계절과 관계 대명사의 쓰임새를 하나씩 자세히 살펴보자.

먼저, 관계대명사를 포함하는 관계절이 존재하기 위한 필수조건을 살펴보자. 관계절은 원래 단독으로 존재하는 문장이 다른 문장에 포함되는 것인데 이 두 문장에,

첫째, 공통분모가 있어야 한다. 공통분모가 없으면 관계절을 만들 수 없다.
둘째, 그 공통분모는 명사이어야 한다.

아래에 주어진 두 문장을 예로 들어 설명하면, 두 문장에서 공통분모는 같은 사람을 지칭하는 'the boy'와 'he'이며 둘 다 명사이다. 필수조건을 충족한 이 두 문장을 관계절을 포함한 한 문장으로 만들어 보자.

The boy is six years old. He broke the window with a baseball.

⇩

관계절로 만들고자 하는 문장 전체를 공통분모 뒤로 이동

The boy (he broke the window with a baseball) is six years old.

⇩

관계절 속에 있는 공통분모를 관계 대명사로 교체. 'he'가 사람이므로 who 사용

The boy who broke the window with a baseball is six years old.

47 관계절과 관계 대명사, Part 2

관계 대명사가 관계절에서 어떤 역할을 하느냐에 따라 주격 관계절, 목적격 관계절 등의 여러 관계절로 나눌 수 있다.

1. 주격 관계절

- The boy (who broke the window with a baseball) is six years old.

괄호 안의 관계절에서 관계 대명사 'who'는 broke의 주어 역할을 한다. 이러한 관계절을 '주격 관계절'이라 부른다. 관계 대명사로 바꾸기 이전의 명사가 사람이면(위 문장에서는 he) 관계 대명사는 who 또는 that을 사용하고 사물이나 동물이면 which 또는 that을 사용한다.

a. The doctor who lives next door is very kind.
b. They caught the man that robbed the bank.
c. The window which was broken has now been repaired.
d. I bought a new chair that is very comfortable.

⚠ 관계절에서 관계 대명사로 대치된 명사를 반복 사용해서는 안 된다. 또한 주격 관계절에서 관계 대명사를 생략해서도 안 된다.

- The boy ~~who he was late for school~~ was ill.
- The boy ~~was late for school~~ was ill.

⚠ 두 문장을 관계절을 이용하여 하나의 문장으로 만드는 경우에, 관계절의 시제나 동사의 수 등에는 변화가 없다. 즉, 그대로 옮겨오면 된다.

I bought two new chairs.	+	They are very comfortable.

⇩

I bought two new chairs that are very comfortable.

- I bought two new chairs ~~that were very comfortable~~.
- I bought two new chairs ~~that was very comfortable~~.

48 관계절과 관계 대명사, Part 3

2. 목적격 관계절

• I want to see the movie (that you recommended).

괄호 안의 관계절에서 관계 대명사 'that'은 타동사 'recommended'의 목적어 역할을 한다. 이러한 관계절을 '목적격 관계절'이라 부르는데 이 문장이 만들어지는 과정을 살펴보자.

I want to see the movie. You recommended the movie.

⇩

관계절로 만들고자 하는 문장 전체를 공통분모 뒤로 이동

I want to see the movie (you recommended the movie).

⇩

관계절 속에 있는 공통분모를 관계 대명사로 교체.

the movie가 사물이므로 that 또는 which 사용하고, 선행사 바로 뒤에 위치.

I want to see the movie that you recommended.

Important

목적격 관계절의 경우, 관계 대명사 사용에 여러 가지의 선택 사항이 있으므로 이를 잘 활용할 수 있어야 한다.

1.a 사물인 목적어를 대체한 경우에는, 관계 대명사 that 또는 which를 사용하거나 생략할 수 있다.

• The bag that you wanted to buy is on sale now.
• The bag which you wanted to buy is on sale now.
• The bag you wanted to buy is on sale now.

49 관계절과 관계 대명사, Part 4

1.b 사람을 대체한 경우에는, 관계 대명사 who, whom, 또는 that을 사용하거나 생략할 수 있다.

- The man who you met last night is my cousin.
- The man whom you met last night is my cousin.
- The man that you met last night is my cousin.
- The man you met last night is my cousin.
- The man ~~which you met last night~~ is my cousin.

⚠ 모든 관계절에서 관계 대명사로 대치된 명사를 반복 사용해서는 안 된다.

- The man ~~who you met him last night~~ is my cousin.
- The bag ~~which you wanted to buy it~~ is on sale now.

3. 전치사의 목적격 관계절

- He asked questions (which there were no answers to).

괄호 안의 관계절에서 관계 대명사 'which'는 전치사 'to'의 목적어 역할을 한다. 이러한 관계절을 '전치사의 목적격 관계절'이라 부르는데 이 문장이 만들어지는 과정을 살펴보자.

He asked questions. There were no answers to the questions.

⇩

관계절로 만들고자 하는 문장 전체를 공통분모 뒤로 이동

He asked questions (there were no answers to the questions)

⇩

관계절 속에 있는 공통분모를 관계 대명사로 교체
the questions가 사물이므로 which 사용하고 선행사 바로 뒤에 위치

He asked questions which there were no answers to.

또는 전치사를 관계 대명사 앞으로 위치

He asked questions to which there were no answers.

50 관계절과 관계 대명사, Part 5

Important

전치사의 목적격 관계절의 경우, 관계 대명사와 전치사의 위치에 관련된 아주 다양한 표현 방법이 있는데 이를 하나씩 살펴보자.

a. 공통분모가 사람이며 이를 관계 대명사로 대체하고, 전치사는 원래 위치에 그대로 둘 경우; 관계 대명사 who, whom, that을 사용하거나 생략할 수 있다.

- The people who I work with are very nice.
- The people whom I work with are very nice.
- The people that I work with are very nice.
- The people I work with are very nice.

b. 공통분모가 사람이며 이를 관계 대명사로 대체하고, 전치사를 관계 대명사 앞으로 이동할 경우; 관계 대명사 whom만을 사용할 수 있다. who나 that은 사용할 수 없으며, 관계 대명사를 생략할 수도 없다.

- The people with whom I work are very nice.
- The people ~~with who I work~~ are very nice.
- The people ~~with that I work~~ are very nice.
- The people ~~with I work~~ are very nice.

c. 공통분모가 사물이며 이를 관계 대명사로 대체하고, 전치사는 원래 위치에 그대로 둘 경우; 관계 대명사 which나 that을 사용하거나 생략할 수 있다.

- The house which we lived in was built in 1960s.
- The house that we lived in was built in 1960s.
- The house we lived in was built in 1960s.

d. 공통분모가 사물이며 이를 관계 대명사로 대체하고, 전치사를 관계 대명사 앞으로 이동할 경우; 관계 대명사 which만을 사용할 수 있으며 that을 사용할 수 없다. 또한 관계 대명사를 생략할 수도 없다.

- The house in which we lived was built in 1960s.
- The house ~~in that we lived~~ was built in 1960s.
- The house ~~in we lived~~ was built in 1960s.

⚠ 전치사를 어디에 두는 것이 좋은지(원래의 위치 또는 관계 대명사 앞)에 대한 명확한 답은 없지만, 많은 사람들은 원래의 위치에 두는 것을 선호한다.

51 관계절과 관계 대명사, Part 6

4. 소유격 관계절

• The building (whose roof is white) is the city hall.

괄호 안의 관계절에서 관계 대명사 'whose'는 roof을 수식하는 소유격 형용사(my, their, its와 같은) 역할을 한다. 이러한 관계절을 '소유격 관계절'이라 부르는데 이 문장이 만들어지는 과정을 살펴보자.

The building is the city hall. The building's roof is white.

⇩

관계절로 만들고자 하는 문장 전체를 공통분모 뒤로 이동

The building (the building's roof is white) is the city hall.

⇩

관계절 속에 있는 공통분모를 관계 대명사로 교체.

the building's가 소유격이므로 whose를 사용하고 선행사 바로 뒤에 위치

The building whose roof is white is the city hall.

⚠ 일부 문법책에서 선행사가 사람일 때는 whose를 사용하고 사물일 때는 of which를 써야한다고 주장하는 경우가 있으나, 사람/사물에 상관없이 whose를 사용하면 된다.

• The book whose author won a Pulitzer Prize is a best seller.
• She listened to the artist whose paintings were at the exhibition.
• He saw a sick bird whose life was in danger.

⚠ 소유격 관계 대명사와 이어지는 명사가 관계절에서 다양한 역할을 할 수 있다.

• She saw a sick bird whose life was in danger. ➜ was의 주어
• He is a man whose opinion I respect.➜ respect의 목적어
• It was an article whose story I have never heard of.
  ➜ 전치사 of의 목적어

52 관계 대명사 What, Part 1

- I don't believe (what she said).
- (What you need right now) is a good rest.

이 두 문장에서 괄호 안은 관계절을 포함하고 있으며, what은 관계 대명사의 역할을 하고 있다. 앞에서 관계절은 근본적으로 앞의 명사를 수식하는 기능을 한다고 언급했는데 위 두 문장에서는 그러한 명사를 찾아볼 수가 없다. 그럼에도 불구하고 관계절의 역할을 하는 이유는 관계 대명사 what이 이제까지 언급된 관계 대명사 who, which, that 등과는 다른 역할을 하기 때문이다.

> 관계 대명사 what은 선행사를 포함한다. 즉, 'the thing(s) which' 또는 'the thing(s) that'을 줄인 표현이다.

이를 바탕으로 'I don't believe what she said.' 문장이 만들어지는 과정을 보면,

원래의 두 개별 문장에는 believe와 said의 목적어인 공통분모가 존재함. 그런데 그 공통분모는 구체적인 것이 아니므로 the thing으로 나타낼 수 있다. I don't believe the thing. She said the thing.

⇩

관계절로 만들고자 하는 문장 전체를 공통분모 뒤로 이동

I don't believe the thing (she said the thing).

⇩

관계절 속에 있는 공통분모를 관계 대명사로 교체.
the thing이 사물이므로 which나 that 사용하고 선행사 바로 뒤에 위치

I don't believe the thing which she said.

⇩

선행사 the thing과 관계 대명사 which 모두를 what으로 대치

I don't believe what she said.

53 관계 대명사 What, Part 2

관계 대명사 what을 포함하는 관계절은, 전체 문장에서 주어, 목적어, 보어, 전치사의 목적어 등 다양한 기능을 한다.

a. What she said made me laugh. ➜ made의 주어
b. What cannot be cured must be endured. ➜ must be endured의 주어
c. We can't give you what you need. ➜ give의 목적어
d. They didn't like what she wrote. ➜ like의 목적어
e. That is exactly what I want. ➜ is의 보어
f. Law is what he should focus on. ➜ is의 보어
g. That is a good explanation of what happened. ➜ of의 목적어
h. Listen to what I tell you. ➜ to의 목적어

⚠ 선행사가 있을 경우 what을 관계 대명사로 사용할 수 없다.

- ~~The thing what worries me~~ is the local food.
  ⇨ The thing which/that worries me is the local food.
  ⇨ What worries me is the local food.
- ~~The thing what you need right now~~ is a good rest.
  ⇨ The thing which/that you need right now is a good rest.
  ⇨ What you need right now is a good rest.

⚠ what이하의 관계절에서 what에 포함되어 있는 선행사를 반복하지 않는다.

- ~~What you need the thing right now~~ is a good rest.
- They didn't like ~~what she wrote it~~.
- ~~What she said it~~ made me laugh.
- ~~What she said the thing~~ made me laugh.

⚠ 관계 대명사 what은 사물을 가리키는 선행사를 포함한 경우에만 사용하며, 사람을 가리키는 선행사를 포함하는 경우에는 사용하지 않는다.

- You can call ~~what is so generous to help you~~.
  ⇨ You can call the person who is so generous to help you.
  ⇨ You can call him/her/them who is(are) so generous to help you.

54 관계절과 관계 부사, Part 1

- I will never forget the day (when I first drove my car).
- The reason (why he didn't show up) was unknown.
- I know the place (where he works).

괄호안의 관계절은 when, why, where와 같은 관계 부사를 사용하여 선행사를 수식하는 역할을 한다. 이들 관계 부사들과 관계 대명사의 차이점은 한 문장으로 합치기 이전 두 문장의 공통분모에 있다. 각각의 경우를 자세히 살펴보자.

1. 시간 관계 부사: when, that

'I will never forget the day when I first drove my car.'의 생성과정을 보면, 관계절을 만들기 이전에는 다음의 두 문장으로 구성되어 있다. 이들 문장에서, 시간을 나타내는 공통분모가 없으면 관계절은 성립하지 않는다.

> I will never forget the day. I first drove my car on that day.
> 명사 (the day) / 부사 (on that day)
>
> ⚠ 관계 대명사의 경우는 공통분모가 둘 다 명사인 경우에 사용하지만, 관계부사는 비록 같은 것을 지칭하지만 하나가 부사 표현인 경우에 사용한다.

⇩

관계절로 만들고자 하는 문장 전체를 공통분모 뒤로 이동

> I will never forget the day(I first drove my car on that day).

⇩

관계절 속에 있는 공통분모인 부사 표현을 관계 부사로 교체.
on that day가 시간을 나타내므로 when을 사용하고 선행사 바로 뒤에 위치

> I will never forget the day when I first drove my car.

⚠ 시간을 나타내는 관계 부사의 경우 'when'을 사용하는 것 이외에 두 가지 선택 사항이 있다.

1) when 대신에 that을 사용할 수 있다.
⇨ I will never forget the day that I first drove my car.
2) 관계 부사를 생략할 수 있다. 즉, when이나 that을 사용하지 않아도 된다.
⇨ I will never forget the day I first drove my car.

55 관계절과 관계 부사, Part 2

⚠ 관계 부사 when은 '전치사+관계 대명사'로 바꾸어 표현할 수 있다.

I will never forget the day (I first drove my car on that day).

⇩

on that day에서 that day만 관계 대명사로 교체.
that day가 사물이므로 which를 사용.

I will never forget the day (I first drove my car on which).

⇩

'on+관계 대명사'를 선행사 뒤로 이동.

I will never forget the day on which I first drove my car.

2. 이유 관계 부사: why, that

'The reason (why he didn't show up) was unknown.'의 생성과정을 보면, 관계절을 만들기 이전에는 다음의 두 문장으로 구성되어 있다. 이들 문장에서, 이유를 나타내는 공통분모가 없으면 관계절은 성립하지 않는다.

The reason was unknown. He didn't show up for the reason. 명사 부사

⇩

관계절로 만들고자 하는 문장 전체를 공통분모 뒤로 이동

The reason(he didn't show up for the reason) was unknown.

⇩

관계절 속에 있는 공통분모인 부사 표현을 관계 부사로 교체.
for the reason이 이유를 나타내므로 why를 사용하고 선행사 바로 뒤에 위치

The reason why he didn't show up was unknown.

⚠ 이유를 나타내는 관계 부사의 경우 'why'를 사용하는 것 이외에 두 가지 선택 사항이 있다.

1) why 대신에 that을 사용할 수 있다.

⇨ The reason that he didn't show up was unknown.

2) 관계 부사를 생략할 수 있다. 즉, why나 that을 사용하지 않아도 된다.

⇨ The reason he didn't show up was unknown.

56 관계절과 관계 부사, Part 3

⚠ 관계 부사 why는 '전치사+관계 대명사'로 바꾸어 표현할 수 있다.

The reason(he didn't show up for the reason) was unknown.

⇩

for the reason에서 the reason만 관계 대명사로 교체.
the reason이 사물이므로 which를 사용.

The reason(he didn't show up for which) was unknown.

⇩

'for+관계 대명사'를 선행사 뒤로 이동.

The reason for which he didn't show up was unknown.

3. 장소 관계 부사: where

'I know the place where he works.'의 생성과정을 보면, 합치기 이전 두 문장은 다음과 같다.

I know the place. He works at the place.
명사 부사

⇩

관계절로 만들고자 하는 문장 전체를 공통분모 뒤로 이동

I know the place (he works at the place).

⇩

관계절 속에 있는 공통분모인 부사 표현을 관계 부사로 교체.
at the place가 장소를 나타내므로 where를 사용하고 선행사 바로 뒤에 위치

I know the place where he works.

⚠ 다른 관계 부사와 마찬가지로 where는 아래처럼 '전치사+관계 대명사'로 바꿔 표현할 수 있다.

I know the place (he works at the place).

⇩

I know the place at which he works.

Important

관계 부사 when, why와는 달리 where의 경우 that으로 대치하거나 생략하는 경우는 매우 드물다.

57 제한적 vs. 비제한적 관계절, Part 1

관계절의 쓰임새는 무궁무진한데 이제까지 다룬 관계절들은 '제한적 관계절'이라 부른다. 여기에 덧붙여 다음 예들과 같은 '비제한적 관계절'이 있다.

a. David passed the ball to Henry, who scored a goal.
b. My pet dog, which is a poodle, is two years old.
c. Many people suffered loss due to Hurricane Katrina, which hit New Orleans.

대부분 '제한적 관계절'에 집중하여 공부하기 때문에 '비제한적 관계절'이 무엇이며, 둘 사이의 차이점과 쓰임새를 모르는 경우가 많다.

1. 제한적 관계절은 선행사가 어떤 사람 또는 사물인지에 대한 구체적인 정보를 제공한다. 글을 읽는 사람이, 상식에 근거하거나 또는 문맥을 살펴봤을 때, 선행사에 대한 사전 지식이 없을 것이라고 글쓴이가 생각하고선 선행사에 대한 구체적인 정보를 제공하는 경우이다. 즉, 제한적 관계절이 없으면 선행사가 누구/무엇을 지칭하는지 글을 읽는 사람은 알 수 없다.

   예 He works for a company that makes computers.

   VS.

   비제한적인 관계절은 글을 읽는 사람이, 상식에 의거하거나 글쓴이와 그간 나눈 정보를 고려할 때, 선행사가 무엇을 지칭하는지 알고 있을 것이라는 전제하에 글쓴이가 선행사에 대한 부가적인 정보를 제공하는 경우이다. 부가정보임을 알리기 위해 관계절 앞에 ,(comma)를 사용한다. 관계절이 중간에 위치하는 경우에는 시작하기 전과 끝에 comma를 사용한다.

   예 He works for HTY Corporation, which makes computers.

Important

'He works for a company that makes computers.' 문장에서 관계절이 없으면(He works for a company.) 문장을 읽는 사람은 그가 어떤 회사에 근무하는지 알 수가 없다. 따라서 글쓴이는 상대방의 이해를 돕기 위해 그 회사에 대한 구체적인 정보(that makes computers)를 제공하는 것이다. 반면에, 'He works for HTY Corporation, which makes computers.' 문장을 읽는 사람은 상식에 의거하여 HYT Corporation을 알고 있을 것이다. 고유명사를 사용한 회사이름은 하나 밖에 없기 때문에. 따라서 글쓴이는 HYT Corporation에 대한 부가 정보를 제공하고 있다. 이 정보는 선행사를 이해하는데 꼭 필수적인 정보가 아니므로, 설사 생략해도 글을 읽는 사람은 그가 어떤 회사에서 일하는지 알 수 있다.

58 제한적 vs. 비제한적 관계절, Part 2

2. 관계 대명사의 사용에 큰 차이점이 있다.

1) 제한적 관계절의 여러 상황에서 쓰이는 관계 대명사 'that'을 비제한적 관계절에서는 사용할 수 없다. 다른 관계 대명사는 비제한적 관계절에서 모두 사용가능하다.

a. The man that you met yesterday is my younger brother.
b. My friend Tom, ~~that works in a bank~~, travels a lot.
c. She had allowed me to use the car that broke down this morning.
d. We had dinner at Barney's Place, ~~that Susie recommended~~.

2) 제한적 관계절에서는 관계 대명사를 생략할 수도 있으나, 비제한적 관계절에서는 어떠한 경우에도 생략할 수 없다.

e. The man (who/that) you met yesterday is my younger brother.
  ➜ met의 목적어인 관계 대명사 who(m) 또는 that은 생략 가능
f. Tommy, ~~you met yesterday~~, is a good tennis player.
  ➜ met의 목적어인 관계 대명사 who(m)을 생략할 수 없음.
g. He asked questions (which/that) there were no answers to.
  ➜ to의 목적어인 관계 대명사 which 또는 that은 생략 가능
h. My brother's computer, ~~I played games on~~, is brand new.
  ➜ on의 목적어인 관계 대명사 which를 생략할 수 없음.

3. 제한적 관계절에서와 마찬가지로 비제한적 관계절에서도 관계 부사를 사용할 수 있다. 단 비제한적 관계절에서는 that을 사용할 수 없고, 관계 부사를 생략할 수도 없다.

i. The accident happened in 2009, when I entered the university.
j. They came back from a holiday in Guam, where I went last month.
k. The accident happened in 2009, ~~that I entered the university~~.
l. The accident happened in 2009, ~~I entered the university~~.

4. 위의 모든 예시 문장들에서 보듯이 비제한적 관계절은 시작하기 전과 끝에 comma를 사용한다. 단, 비제한적 관계절로 문장이 끝날 때는 마침표 사용.

59 선행사가 앞 절 전체인 관계절

- He passed the exam, (which I can't believe).
  관계절
- I haven't met her again, which is a pity.
- It rained throughout our vacation, which made us gloomy.

위의 세 문장에서 사용된 관계절의 선행사는 바로 앞의 명사가 아니라, 앞 절 전체이다. 'He passed the exam, which I can't believe.'의 경우 '그가 시험에 합격했다는 것을 나는 믿을 수가 없다.'를 뜻한다. 즉, believe의 목적어에 해당하는 관계 대명사 which는 앞 절 전체를 지칭한다. 이 문장이 이루어진 과정을 보면,

우선 최초의 두 문장은 다음과 같다.

He passed the exam. I can't believe it.

⇩

it이 앞 문장 전체를 지칭한다. ➜ 이 경우 관계 대명사 which로 대치할 수 있음.

➜ 대치한 관계 대명사는 앞 문장 뒤로 위치.

➜ 관계절 앞에 comma를 필히 사용

He passed the exam, which I can't believe.

다음으로 'I haven't met her again, which is a pity.'의 생성과정을 보면,

I haven't met her again. This is a pity.

⇩

This가 앞 문장 전체를 지칭한다. ➜ 이 경우 관계 대명사 which로 대치할 수 있음.

➜ 대치한 관계 대명사는 앞 문장 뒤에 위치.

➜ 관계절 앞에 comma를 필히 사용

I haven't met her again, which is a pity.

⚠
- 선행사가 앞 절 전체인 경우에, 관계 대명사는 which만 사용할 수 있다.
- 관계절 앞에 comma를 꼭 사용해야 한다.

60 관계절과 관련된 잘못된 상식

관계절 특히 관계 대명사의 사용과 관련된 잘못된 상식을 가진 학습자들을 주변에서 쉽게 볼 수 있다. 틀린 상식을 갖게 된 근거는 영어 사용의 현실을 전혀 반영하지 못한 구태의연한 문법책에서 찾을 수 있다. 아직도 많은 문법책들이 다음과 같은 규칙을 제시하고 있는데 이는 올바른 것이 아니다.

1. 선행사가 something, nothing, anything, everything일 때는 반드시 관계대명사 'that'을 사용해야 한다(목적격 관계절처럼 관계 대명사를 생략할 수 있는 경우는 제외하고). ⇨ WRONG!
그것을 선호하는 사람이 있을 수는 있으나 의무는 결코 아니며 현재의 영어 사용에서는 앞서 제시한 관계 대명사의 사용법에 따라 자유롭게 선택하여 쓴다.

a. Truth is something which can't be told in a few words.
b. Do nothing which is of no use.
c. Don't report anything which makes you uncomfortable.
d. Everything which is not forbidden is allowed.

2. 선행사 앞에 the only(예 the only person), the very(예 the very restaurant), the same(예 the same watch), the+최상급(예 the biggest market), the+서수(예 the first applicant), the last(예 the last train), every, all, no, any, little, few, much 등의 표현이 있을 때는 반드시 관계대명사 'that'을 사용해야 한다(목적격 관계절처럼 관계 대명사를 생략할 수 있는 경우는 제외하고). ⇨ WRONG!
이것 또한 선호하는 사람이 있을 수는 있으나 의무는 결코 아니며 현재의 영어 사용에서는 앞서 제시한 관계 대명사의 사용법에 따라 자유롭게 선택하여 쓴다.

e. He is the only man whom I truly respect.
f. Mamre is the same place which was later called Hebron.
g. You are the best person who knows yourself better.
h. There is a fourth aspect which can deliver significant benefits.
i. Trains depart every 30 minutes until the last train which leaves Paddington at 23:03.
j. Every person who is born in this country has the right to live freely.
k. There are a few problems which need to be solved.

61 관계절 vs. 간접의문문

a. I don't know the person who you met yesterday.
 ⇒ 나는 네가 어제 만난 사람을 알지 못한다.
b. I don't know who you met yesterday.
 ⇒ 나는 네가 어제 누구를 만났는지 알지 못한다.

위 두 문장의 구조는 유사해보이지만 전혀 다른 구조를 지니고 있으며 뜻도 매우 차이가 있다. 각각을 살펴보면,

I don't know the person (who you met yesterday).
관계절

이 문장은 관계 대명사 'who'이하의 관계절이 선행사인 'the person'을 수식하는 구조이다. 한편, b 문장은 a 문장과는 두 가지 중요한 차이점이 있다.

I don't know [who you met yesterday.]
동사 목적어

첫째, 'who'이하 전체가 동사의 목적어 역할을 한다. 어떤 명사가 동사의 목적어 역할을 하듯이, 이 절의 경우 know의 목적어로 쓰이는데 이러한 절을 명사절이라고 부른다. 이점에서 a 문장의 관계절과 차이가 있다.

둘째, who는 의문사이다. 'Who are you?' 같은 문장에서 의문사 '누구'로 쓰이는 것과 같은 역할이다. 그리고 의문문과의 차이점은 문장 안에 쓰이는 관계로 간접의문문의 순서인 '의문사+주어+동사'를 따른다.

다음 예들에서 c~e 문장은 관계절을 그리고 f~h 문장은 간접의문문을 포함하고 있다.

c. They caught the man (who robbed the bank). ➜ 관계절이 the man 수식
d. I couldn't find the book (which I borrowed from Jim).
e. He asked the woman (who was working at the shop).
f. She couldn't decide (which one was better for her). ➜ decide의 목적어
g. I asked (who his favorite actor was). ➜ asked의 목적어
h. He wondered (who she invited to her party).

62 관계절을 분사구문으로, Part 1

다음의 문장들은 한 가지 공통점을 가지고 있는데, 괄호안의 표현들이 원래는 관계절이라는 점이다.

a. The man (waiting in the office) looks nervous.
b. They were notified of the boat (sinking at around 11 AM).
c. I had no interest in the subject (discussed in the meeting).
d. A credit card was stolen from a wallet (lost at the bar).
e. We enjoyed coffee on the terrace (overlooking the sea).
f. The man (living next door) walks to work every day.

괄호 안 표현들의 첫 단어는 –ing 형태의 현재분사 또는 –ed 형태의 과거분사인데, a~d 문장의 경우 원래 '주격 관계 대명사+be 동사'가 있었으나 생략이 된 형태이며, e~f 문장의 경우 '주격 관계 대명사'만 생략된 결과이다. 이 문장들을 두 원칙으로 설명하면,

1. 주격 관계 대명사(관계절에서 관계 대명사가 주어의 역할)와 이어지는 be 동사는 생략할 수 있다. 이 때 be 동사의 시제는 상관이 없으므로 'is' 'was' 'were' 'has been' 'had been' 등이 생략 가능하다. 이들의 생략 전과 후의 문장을 살펴보자.

a 문장의 변환 과정은,

The man who is waiting in the office looks nervous.

⇩

The man waiting in the office looks nervous.

b 문장의 변환 과정은,

They were notified of the boat which was sinking at around 11 AM.

⇩

They were notified of the boat sinking at around 11 AM.

63 관계절을 분사구문으로, Part 2

c 문장의 변환 과정은,

I had no interest in the subject which was discussed in the meeting.

⇩

I had no interest in the subject discussed in the meeting.

d 문장의 변환 과정은,

A credit card was stolen from a wallet that had been lost at the bar.

⇩

A credit card was stolen from a wallet lost at the bar.

2. 주격 관계 대명사 다음에 be 동사가 아닌 '일반동사'가 사용된 경우에, 주격 관계 대명사만을 생략할 수 있다. 단 전제 조건이 있는데, 관계절의 내용이 '시간에 구애받지 않고 항상 그러할 때'이어야 한다. 또한, 관계 대명사를 생략한 다음 후속 조치로 그 일반동사를 현재분사(-ing)로 바꾸어야 한다.

e 문장의 변환 과정은,

We enjoyed coffee on the terrace which overlooks the sea.

⇩

We enjoyed coffee on the terrace overlooking the sea.

f 문장의 변환 과정은,

The man who lives next door walks to work every day.

⇩

The man living next door walks to work every day.

Important

e~f 문장에서 주목할 부분은 'overlooks the sea'와 'lives next door'가 어느 특정 순간에만 그러한 것이 아니라 항상 그러하기 때문에 원칙 #2를 적용시킬 수가 있다는 점이다.

TEST YOURSELF

1. 다음 문장 중 어법상 옳지 않은 것은? (2010 지방직 9급) 참고 #36

① Everything changed afterwards we left home.

② At the moment, she's working as an assistant in a bookstore.

③ I'm going to train hard until the marathon and then I'll relax.

④ This beautiful photo album is the perfect gift for a newly-married couple.

2. 밑줄 친 부분 중 어법상 옳지 않은 것을 고르시오. (2010 국가직 9급) 참고 #36

New York's Christmas is featured in many movies ①while this time of year, ② which means that this holiday is the most romantic and special in the Big Apple. ③ The colder it gets, the brighter the city becomes ④with colorful lights and decorations.

3. 밑줄 친 부분 중 어법상 옳지 않은 것은? (2014 사회복지 지방직 9급) 참고 #36

Sometimes a sentence fails to say ①what you mean because its elements don't make proper connections. Then you have to revise by shuffling the components around, ② juxtapose those that should link, and separating those that should not. To get your meaning across, you not only have to choose the right words, but you have to put ③them in the right order. Words in disarray ④produce only nonsense.

4. 밑줄 친 부분에 들어갈 가장 적절한 것은? (2009 국가직 7급) 참고 #36, 47

Founded in 1960 to gain greater control over the price of oil, __________ the main Arabic oil-producing countries.

① OPEC consists of

② OPEC which consists of

③ what OPEC consists of

④ which OPEC consisting of

5. 빈칸 (A), (B)에 들어갈 표현으로 어법상 가장 적절한 것은? (2017 지방교육행정직) 참고 #36, 52

Modern industrial societies and their problems are becoming increasingly complex, and because ___(A)___ one person today can master all the social sciences, growing emphasis is placed on the interdisciplinary approach to many social problems. The interdisciplinary approach means ___(B)___ a group of social scientists with different specialties will work together on a certain problem, not all of whose aspects any one of the group fully understands.

(A) (B)

① no — that
② any — that
③ no — what
④ any — what

6. 밑줄 친 부분 중 어법상 옳지 않은 것은? (2013 지방직 9급) 참고 #36, 55

A Caucasian territory ①whose inhabitants have resisted Russian rule almost since its beginning in the 18th century has been the center of the incessant political turmoil. It was eventually pacified by the Russians only in 1859, ②though sporadic uprisings continued until the collapse of Tsarist Russia in 1917. Together with Ingushnya, it formed part of the Soviet Union as an Autonomous Soviet Republic within Russia from 1936. Continuing uprising against Russian/Soviet rule, ③the last was in 1934, caused the anger of Stalin. In retaliation, he dissolved Chechnyan autonomy in 1944, and ordered the deportation of the ethnic Chechnyan population to Central Asia, in which half of the population died. They were not allowed ④to return to their homeland until 1957, when Khrushchev restored an autonomous status for Chechnya.

7. 밑줄 친 부분에 들어갈 가장 적절한 것은? (2009 국가직 7급) 참고 #36, 63

Carefully produced, __________, a newsletter can vary the usual pace of information delivery and promote dialogue, involvement, and loyalty.

① while the needs and interests of those contacting in mind
② and the needs and interests of those contact in mind
③ the needs and interests of those contact in mind
④ with the needs and interests of those being contacted in mind

8. 밑줄 친 부분 중 어법상 옳지 않은 것은? (2013 국가직 9급) 참고 #36, 63

Noise pollution ①is different from other forms of pollution in ②a number of ways. Noise is transient: once the pollution stops, the environment is free of it. This is not the case with air pollution, for example. We can measure the amount of chemicals ③introduced into the air, ④whereas is extremely difficult to monitor cumulative exposure to noise.

9. 밑줄 친 부분 중 어법상 옳지 않은 것은? (2010 국가직 9급) 참고 #38

I ①looked forward to this visit more than one ②would think, ③considered I was flying seven hundred miles to sit alongside a ④dying man. But I seemed to slip into a time warp when I visited Morrie, and I liked myself better when I was there.

10. 밑줄 친 부분 중 어법상 옳지 않은 것을 고르시오. (2012 지방직 9급) 참고 #38, 56

A mutual aid group is a place ①where an individual brings a problem and asks for assistance. As the group members offer help to the individual with the problem, they are also helping ②themselves. Each group member can make associations to a similar ③concern. This is one of the important ways in which ④give help in a mutual aid group is a form of self-help.

11. 다음 중 우리말을 영어로 잘못 옮긴 것을 고르시오. (2010 국가직 7급) 참고 #42

① 경찰은 그 문서들을 찾기 위해 가택 수색을 하였다.
→ The police searched the documents in the house.

② 우리가 돈을 낭비하고 있다는 것은 지나친 말입니다.
→ It's too much to say we are wasting money.

③ 이 사고로 인한 손해는 모두 당신이 보상한다고 약속해주십시오.

→ I want you to promise to compensate me for all the damage caused by this accident.

④ 당신은 요점에서 벗어나고 있습니다.

→ You are straying from the point.

12. 밑줄 친 부분 중 어법상 옳지 않은 것은? (2012 지방직 9급) 참고 #42

> Seattle, ①the biggest city in the Pacific Northwest has a low violent crime rate and, like Portland, ②offering excellent health care and transportation services for seniors. The city ③ranks near the top in life expectancy and shows a low incidence of heart disease. ④Its only obvious drawbacks are the high cost of living and a lack of sunny days.

13. 다음 문장 중 어법상 가장 옳지 않은 것은? (2017 서울시 9급) 참고 #42, 44

① John promised Mary that he would clean his room.

② John told Mary that he would leave early.

③ John believed Mary that she would be happy.

④ John reminded Mary that she should get there early.

14. 어법상 옳지 않은 것은? (2013 서울시 7급) 참고 #44

① Maria was awarded first prize.

② 250 dollars was fined to him.

③ English wasn't taught there.

④ Our solutions were explained to him.

⑤ Nash was considered a genius.

15. 우리말을 영어로 잘못 옮긴 것은? (2015 국가직 7급) 참고 #44, 45

① 남에게 의존하지 말고 너 자신이 직접 그것을 하는 것이 중요하다.

→ It is important that you do it yourself rather than rely on others.

② 은행 앞에 주차된 내 차가 불법 주차로 인해 견인되었다.

→ My car, parked in front of the bank, was towed away for illegal parking.

③ 토요일까지 돈을 갚을 수 있다면, 돈을 빌려줄게.

→ I'll lend you with money provided you will pay me back by Saturday.

④ 만약 태풍이 접근해오지 않았었더라면 그 경기가 열렸을 텐데.

→ The game might have been played if the typhoon had not been approaching.

16. 다음 글의 빈칸에 들어갈 말로 가장 적절한 것은? (2016 경찰공무원) 참고 #47

Ever since my bike (㉠), I put on my invaluable items GPS tracking devices (㉡) show me exactly where they are.

① ㉠ stole ㉡ in which

② ㉠ was stolen ㉡ which

③ ㉠ stole ㉡ which

④ ㉠ was stolen ㉡ in which

17. 빈칸에 순서대로 들어갈 말로 가장 적절한 것은? (2012 경찰공무원) 참고 #47, 48

This is the boy _____ I believe deceived me.

There is no rule _____ has exceptions.

He was the only man _____ I knew in my neighborhood.

① who - but – that

② whom - that - whom

③ who - that – whom

④ whom - but - that

18. 밑줄 친 부분 중 어법상 옳지 않은 것은? (2011 지방직 9급) 참고 #47, 56

Chile is a Latin American country ①where throughout most of the twentieth century ②was marked by a relatively advanced liberal democracy on the one hand and only moderate economic growth, ③which forced it to become a food importer, ④on the other.

19. 다음 중 어법에 맞는 표현으로 가장 적절하지 않은 것은? (2017 경찰공무원) 참고 #48

> ㉠Most readers of novels intuitively feel that their favorite authors have ㉡distinctive styles and some sensitive readers can even attribute passages ㉢what they have not read previously ㉣to one or another of these authors.

① ㉠ ② ㉡ ③ ㉢ ④ ㉣

20. 다음 중 어법에 맞는 표현으로 가장 적절하지 않은 것은? (2017 경찰공무원) 참고 #48

> If technology produced automobiles ㉠that pollute the air, it is because pollution was not ㉡recognized as a problem ㉢what engineers had to consider ㉣in their designs.

① ㉠ ② ㉡ ③ ㉢ ④ ㉣

21. 밑줄 친 부분 중 어법상 옳지 않은 것은? (2018 지방직 9급) 참고 #48

> I am writing in response to your request for a reference for Mrs. Ferrer. She has worked as my secretary ①for the last three years and has been an excellent employee. I believe that she meets all the requirements ②mentioned in your job description and indeed exceeds them in many ways. I have never had reason ③to doubt her complete integrity. I would, therefore, recommend Mrs. Ferrer for the post ④what you advertise.

22. 어법상 옳지 않은 것은? (2014 국가직 7급) 참고 #51

① Two hours from now, the hall will be empty. The concert will have ended.
② The lab test helps identify problems that might otherwise go unnoticed.
③ The police found an old coin which date had become worn and illegible.
④ Tom made so firm a decision that it was no good trying to persuade him.

23. 밑줄 친 부분 중 어법상 옳지 않은 것을 고르시오. (2016 지방교육행정직) 참고 #52

The navigational compass was one of ①the most important inventions in history. It sparked an enormous age of exploration ②which in turn brought great wealth to Europe. This wealth is ③that fueled later events such as the Enlightenment and the Industrial Revolution. It has been continually simplifying the lives of people around the globe ④since its introduction to the world.

24. 다음 문장에서 빈칸에 들어갈 단어로 가장 적절한 것은? (2016 경찰공무원) 참고 #52, 56

- People called the office "the people's drawing room"(㉠) they could get help.
- It comes from the sea, (㉡) all the waters come.
- It tells a lot about (㉢) we think.

① ㉠ where ㉡ where ㉢ what
② ㉠ where ㉡ when ㉢ which
③ ㉠ when ㉡ when ㉢ what
④ ㉠ when ㉡ where ㉢ which

25. 다음 빈칸에 들어갈 말로 가장 적절한 것은? (2012 경찰공무원) 참고 #57, 58

In 1863 American President Abraham Lincoln made Thanksgiving an official annual holiday, __________ is now celebrated on the 4th Thursday of November each year.

① that ② what ③ when ④ which

26. 밑줄 친 부분 중 어법상 옳지 않은 것은? (2014 지방직 7급) 참고 #58

The United States national debt was relatively small ①until the Second World War, during ②when it grew ③from $43 billion to $259 billion ④in just five years.

Answer and Explanation

1	①	두 개의 절로 이루어진 문장이므로(Everything changed 그리고 we left home) 접속사로 연결해야 하는데 부사인 afterwards가 쓰임. 올바른 표현은 Everything has changed since we left home.
2	①	while은 접속사로서 그 다음에 주어와 동사가 있는 절이 따라야 하는데 명사구로 이어지고 있음. 따라서 접속사인 while 대신에 전치사인 at this time of year가 올바른 표현.
3	②	두 번째 문장은 Then you have to revise by V-ing, V-ing, and V-ing의 구문이다. 따라서 juxtaposing('나란히 놓다')으로 수정.
4	①	Founded이하는 분사구문이므로 밑줄 친 부분 이하에서는 주어+본동사의 절이 필요하다. ②, ③번처럼 관계절을 사용할 경우 주절의 본동사가 있어야 한다.
5	①	'현대 산업 사회의 문제들이 갈수록 복잡해지고 오늘날 그 어떤 한 사람도 모든 사회과학을 정복할 수 없으므로 ...'이란 글 흐름에서 because이하는 부정적인 표현을 사용해야 한다. 따라서 no one이 정답. (B) 빈칸 이후에는 '주어+동사+전치사구'의 절이 쓰였으므로 이 절을 이끌 수 있는 접속사 that이 필요함. what의 경우 이어지는 절에서 주어 또는 목적어 등 어떤 명사적 요소가 what에 포함되어 있을 때 사용하는데, (B)이하의 절은 모든 요소를 갖추고 있으므로 사용할 수 없다.
6	③	'Continuing uprising against Russian/Soviet rule, ③the last was in 1934, caused the anger of Stalin.' 이 문장에서 주어는 'Continuing uprising against Russian/Soviet rule'이고 본동사는 caused이다. 따라서 또 하나의 절인 'the last was in 1934'를 다른 절(주절)과 연결시키는 표현 없이 사용하면 안 된다. 따라서 the last가 uprising을 지칭하는 것이기 때문에(봉기 중에서 마지막 봉기) 관계절을 활용하거나, 절을 구의 형태로 바꾸어야만 올바른 문장이 될 수 있다. 참고로 이 문제의 출처 원문에서는 'notably that of 1934'의 구 형태를 사용하였다. 관계절을 활용한다면 the last of which was in 1934로 할 수 있다. 여기에서 which는 Continuing uprising against Russian/Soviet rule을 지칭. 또 다른 표현 방법으로는 Russian/Soviet rule만을 선행사로 취급하여 'under which the last was in 1934'로 할 수도 있다.
7	④	분사구문과 주절 사이에 있는 밑줄 친 부분에는 삽입절 또는 삽입구가 들어갈 수 있다. ①번의 경우 while이 접속사임에도 불구하고 동사가 없으므로 틀림. ②번의 and는 전후가 같은 구조를 지닌 표현을 사용해야하는데, 앞은 분사구문 그리고 뒤는 명사구로서 서로 다른 구조가 사용되어 틀림. ③번 같은 경우는, 앞에 명사가 사용되었을 때 동격으로 부연 설명할 때 사용하는 명사구이므로 오류임.

		④번의 전치사구는 newsletter의 또 다른 특성을 설명하는 삽입구로서 올바른 쓰임새이다. 좀 더 풀어보면 with the needs and interests of those who are being contacted in mind 표현에서 관계 대명사와 be 동사는 생략이 가능하므로 with the needs and interests of those being contacted in mind.
8	④	whereas는 절과 절을 연결시켜주는 접속사이지 관계 대명사(가령 절의 주어 역할을 수행할 수 있는)가 아니다. 따라서 is 동사의 주어가 필요하다. 해당 절에서 difficult의 의미상의 주어는 to- 이하이므로 it(가주어) ~ to+동사원형(진주어) 구문이 적절하다. 올바른 표현은 whereas it is ... 임. ②번에서 '많은'의 뜻을 지닌 a number of 다음에는 복수 명사 필요함. ③번의 introduced 앞에는 which is가 생략되어있음.
9	③	한 개의 절에 시제를 알 수 있는 본동사는 하나만 존재한다. 이 원칙은 문장의 주절(①번의 경우처럼)이나 또는 접속사를 사용한 절(접속사인 than 이하에 쓰인 ②번의 경우처럼) 등에 적용된다. ③번의 경우 문장 전체의 주어가 스스로 행동할 수 있는 'I'이므로 능동형인 considering이 아닌 수동형인 considered 이하를 분사구문으로 여길 수 없다. 이처럼 접속사가 이끌지 않는 절에서는 시제를 나타내는 본동사를 사용할 수 없고, 주요한 의미의 동사는 문맥에 따라 –ing 또는 to-부정사의 형태를 취해야 한다. 이 문장에서는 '~를 고려했을 때'의 뜻을 지닌 considering을 사용해야함.
10	④	마지막 문장의 in which에서 which는 one of the important ways를 선행사로 한다. 이 관계절이 지닌 문제점은 본동사가 두 개있다는 점이다: give와 is. 따라서 둘 중 한 개만 본동사 역할을 수행해야 한다. 글의 의미상 give help in a mutual aid group 부분을 주어('상호 협력 집단에서 도움을 준다는 것')로 하고 is를 본동사로 하는 것이 적절하다. 즉 giving help in ... 또는 to give help in ... 로 수정하는 것이 올바름.
11	①	①번 문장에서 수색의 대상은 문서가 아니라 집이므로 올바른 표현은 The police searched the house to find the documents. ②번의 too much to say는 '~라고 말하는 것은 지나치다'라는 뜻의 숙어.
12	②	첫 문장은 '타동사+목적어 and 타동사+목적어' 구문이므로 offering 대신에 offers를 사용해야함. 분사구문을 사용할 경우에는 ... a low violent crime rate, offering excellent health care and transportation services for seniors like Portland로 표현하는 것이 자연스러움. ③번의 rank는 자동사, 타동사로 다 쓰이는데 이 문맥에서는 자동사로 쓰임.
13	③	③번의 동사 believe는 목적어를 하나만 취할 수 있다. 따라서 that-절을 목적격 보어 표현으로 수정해야 한다: that she would be happy > to be happy로. 나머지 promise, tell, remind 동사는 모두 목적어 두 개를 가질 수 있다.

14	②	'벌금을 부과하다'뜻의 fine은 'fine+사람+액수' 또는 'fine+사람+액수+for+이유'의 형태로 쓰인다. ②번에서는 부과하는 주체가 없으므로 수동태를 활용하여 'He was fined 250 dollars.'로 수정. ①번의 first prize는 최고상(top prize)을 의미하며 정관사 the를 붙인 the first prize는 여러 개의 상 중에서 처음으로 주는 상을 의미한다.
15	③	lend는 2개의 목적어(누구에게+무엇을)를 필요로 하는 동사이다. 따라서 lend you money라고 하거나 lend money to you로 수정.
16	②	㉠에 맞는 표현은 '자전거가 도난당했음'을 나타내는 수동태 was stolen임. ㉡ 이하의 관계절에서 show의 주어가 없으므로, 빈칸에는 주어역할을 하는 관계 대명사 which가 필요.
17	①	첫 번째 문장에서 I believe는 삽입절이므로 deceived의 주어 역할을 할 관계 대명사인 who 또는 that이 필요. 두 번째 문장의 빈 칸 이하는 '~하지 않는'의 뜻을 지닌 표현이 필요한데(즉, 관계 대명사 that+부정어) 유사 관계 대명사로서 but이 그 역할을 수행한다. 세 번째 문장에서는 knew의 목적어 역할을 할 수 있는 관계 대명사가 필요하므로 that/who/whom이 가능하다.
18	①	①번의 밑줄 친 단어 where이하는 선행사 a Latin American country를 수식하는 관계절이다. 이 절에서 throughout most of the twentieth century는 삽입구이므로(즉, 생략이 가능하므로), 동사 was marked의 주어가 관계 대명사로 대치된 것이다(즉, the Latin American country was marked by ...). 따라서 명사인 주어의 역할을 대치할 수 있는 관계 대명사 which나 that으로 수정해야 한다. where는 부사적 표현을 대치하는 관계 부사임. ②번 시제의 경우 예전에는 그랬다는 내용이므로 오류 없음. ③번의 which는 a relatively advanced liberal democracy 부터 economic growth까지의 내용 전체를 수식하는 관계 대명사임.
19	③	can이하는 'attribute A to B(A는 B에서 유래한다)'의 구문인데, 이를 자세히 분석하면 'attribute+목적어(선행사)+관계절+to+목적어'이다. 여기서 선행사 passages를 수식하는 관계 대명사는 read의 목적어 역할을 하는 것이므로 목적격 관계 대명사인 that 또는 which가 맞음.
20	③	선행사 a problem을 수식하는 관계 대명사는 consider의 목적어 역할을 해야 하므로 목적격 관계 대명사인 that 또는 which가 맞음.
21	④	④번의 선행사 the post를 수식하는 관계 대명사는 advertise의 목적어 역할을 하는 것이므로 목적격 관계 대명사인 that 또는 which가 맞음. 목적격 관계 대명사의 경우 생략할 수도 있음.

22	③	③번의 관계절에서 which date는 old coin의 날짜를 지칭하므로 소유격인 whose date로 바꾸어야 함. ②번에서 help 다음에는 동사원형 또는 'to+동사원형'을 사용할 수 있으므로 올바름. ④번의 'so firm a decision' 구문은 강조의 부사 so는 바로 명사구를 수식할 수 없으므로 'so+형용사+명사구'의 형식을 따름. such를 사용할 경우 such a firm decision으로 대치 가능.
23	③	'This wealth is' 다음에는 is의 보어역할을 하는 절이 필요하다. that-절의 경우, 접속사 that 다음에 '주어+동사'가 쓰여야 하는데 바로 동사인 fueled로 이어지고 있으므로 틀림. 절을 이끌면서 주어까지 포함하는 표현으로는 what이 적절함. ④번 since는 이 문맥에서 전치사로 쓰이고 있으므로 이어서 명사구 표현을 사용하는 것은 적절함.
24	①	㉠ 이후는 관계절인데 선행사가 장소 의미를 지니고 있으므로 관계부사 where가 적절. ㉡ 역시 where가 필요한데 '모든 물이 오는 곳'인 선행사 the sea를 지칭하는 적절한 표현임. ㉢에는 전치사 about의 목적어 역할을 하는 절을 이끌 수 있는 what이 올바름. which로 시작하는 관계절은 앞에 선행사(명사구)가 없으므로 부적절함.
25	④	비제한적 관계절의 선행사가 Thanksgiving이므로 which가 정답.
26	②	during이하는 the Second World War에 대한 부가적인 정보를 제공하는 비제한적 관계절이다. 이 부분을 풀어서 설명하면, 관계절을 사용하기 이전에는 다음과 같다: it grew from $43 billion to $259 billion during the Second World War. 이 절에서 the Second World War는 선행사와 동일하므로 which로 대치한 후, 선행사 바로 뒤로 이동(= which it grew from ... during). 그리고 절 마지막에 남아 있는 전치사 during을 관계 대명사 앞으로 이동할 수 있으므로 during which it grew from ... 의 관계절이 만들어진다.

IV

접속사

64 접속사의 종류

단어와 단어, 구와 구, 절과 절을 연결하는 역할을 하는 접속사로 and, but, or, that, when, because, if, than, wherever 등 하나의 단어 표현들이 많다. 두 단어 이상으로 이루어진 접속사들도 상당수 있는데 예를 들면 다음과 같다: even though, as soon as, no matter how, so that, in case 등. 이들 접속사 중에서 and, but, or 같은 접속사(등위접속사라 불림)는 단어, 구, 절들을 연결하는 역할을 할 수 있지만, 이들을 제외한 나머지들은 절과 절을 연결하는 기능만을 한다.

a. John and I couldn't understand what she said.
b. There is no hope but by prayer.
c. He would have joined the club but he couldn't spare the time.
d. She is taller than I am.
e. Submit your application as soon as you can.
f. No matter how hard I try, I never seem to lose weight.
g. Now that the car is fixed, it would probably work fine.
h. Make a copy of your passport in case you lose it.

이밖에 대다수의 학습자들이 접속사로 여기지 않는 하나의 쌍으로 이루어진 소위 상관접속사(correlative conjunction)들이 있는데 이들은 두 절을 연결해주기도 하고 명사구를 연결하기도 한다:

- both ... and ...
- either ... or ...
- neither ... nor ...
- not only ... but also ...
- whether ... or ...
- just as ... so ...
- as many ... as

i. Both my brother and my father are lawyers.
j. She neither called nor wrote.
k. I can't decide whether I'll take history or take economics in college.
l. Just as Romeo loved Juliet, so Michael loves Ann.
m. There are as many curtains as there are windows.

65 접속사 맞나?, Part 1

영어에서 절과 절을 연결해주는 접속사는 그 수가 굉장히 많다. 그런데 접속사를 학습하는데 어려움은 접속사의 갯수보다 접속사가 아닌 것 같은데 접속사의 기능을 하는 경우 또는 그 반대로 접속사처럼 보이는데 접속사가 아닌 표현들이 많은데 있다. 아래에서 이 두 경우를 살펴보자.

1. 접속사처럼 보이지 않는데 접속사인 표현들

as long as, as much as, by the time, considering (that), for fear (that), given that, if then, in case, in order that, inasmuch as, in the event (that), lest, now (that), on condition that, once, provided (that), providing (that), seeing (that), supposing, wherein

a. As long as you can come by five, I'll be here. ➜ ~한다면(=if)

b. He likes basketball as much as he likes baseball. ➜ ~만큼

c. The sun will be setting by the time I (get) home. ➜ ~할 즈음에는

Important

by the time은 시간 부사절을 이끄는 접속사로 미래에 관한 내용일 때, 다른 시간 부사절 접속사와 마찬가지로, 미래 시제 대신에 현재 시제를 사용한다.

d. Inasmuch as you are their commanding officer, you are responsible for their behavior.
➜ ~이므로(=since), ~인 점을 고려한다면

e. I was afraid to open the door lest he would follow me. ➜ ~이 걱정되어

f. Now (that) spring is here, we can expect mild weather.
➜ ~한 것으로 보아

g. We will do so provided/providing/supposing (that) you are (on) time.
~한다면

Important

위의 세 접속사들은 조건 부사절을 이끄는 접속사로 미래에 관한 내용일 때, 다른 조건 부사절 접속사와 마찬가지로, 미래 시제 대신에 현재 시제를 사용한다.

h. We should go to the concert, seeing that we've already paid for the tickets.
➜ ~을 고려할 때

i. Please show me wherein I was wrong. ➜ ~점에서

66 접속사 맞나?, Part 2

2. 접속사로 흔히들 생각하지만 접속사가 아닌 표현들로는, 연결사라고 부르는 접속부사 (connective adverb)가 여기에 해당한다.

accordingly, additionally, also, anyway, besides, certainly, comparatively, consequently, conversely, elsewhere, equally, finally, further, furthermore, hence, henceforth, however, in addition, in comparison, in contrast, incidentally, indeed, instead, likewise, meanwhile, moreover, namely, nevertheless, next, nonetheless, now, otherwise, rather, similarly, still, subsequently, then, thereafter, therefore, thus, undoubtedly, yet

접속 부사는 절과 절 또는 문장과 문장사이의 논리적 관계를 연결시켜주는 역할을 하지만, 문법적으로 접속사의 역할을 대신할 수는 없다. 즉 <u>접속사 없이 접속 부사만으로 절과 절을 연결시킬 수는 없다</u>.

a. The project sounds really nice, and, therefore, I am going for it.
 ➜ 접속부사 therefore는 논리적 연결을 하고 접속사 and가 절과 절을 연결.
b. ~~The project sounds really nice, therefore, I am going for it.~~
 ➜ 접속부사 therefore 단독으로는 절과 절을 연결시킬 수 없음.
c. I like you a lot. In fact, I think we should be best friends.
 ➜ 접속부사 in fact는 문장과 문장사이의 논리적 연결을 수행.
d. ~~I like you a lot, in fact I think we should be best friends.~~
 ➜ 접속부사 in fact만으로는 절과 절을 연결시킬 수 없음.

위의 접속 부사에 덧붙여 접속사로 가장 많이 착각하는 단어가 있다. 바로 'even'이다. even if, even though, even when처럼 쓰일 때는 접속사의 역할을 한다. 하지만 단독으로 쓰일 때는 강조의 의미를 지닌 부사의 역할을 함에도 불구하고 다음 오류 문장처럼 접속사로 혼동하여 사용하는 경우가 매우 많다.

e. ~~Even we watched, the turtle emerged from its shell.~~ ➜ 접속사 X
f. Even when we watched, the turtle emerged from its shell.
g. ~~I wouldn't wear that dress even I got it for free.~~
h. I wouldn't wear that dress even if I got it for free.
i. ~~He did it so poorly even an idiot could do it better.~~
j. He did it so poorly. Even an idiot could do it better. ➜ 강조의 부사

67 양보절, 무엇을 양보?

영어에서 though, although, even though, even if, as 등의 접속사를 사용한 아래와 같은 부사절을 흔히들 양보절(讓步節)이라 부른다.

- Though they may not succeed, they will still try.
- He went to work even though he didn't feel well.
- I am going to the party even if it rains.
- Young as he was, he understood the situation perfectly.

Important

양보절 관련 유의사항:

1) 이들 접속사가 이끄는 부사절이 미래에 관한 내용일 때, 미래 시제 대신에 현재 시제를 사용한다.
2) as를 '~임에도 불구하고' 의미의 접속사로 사용할 때 be 동사의 보어인 형용사를 문장의 처음으로 이동시킬 수 있다. 예 Young as he was, ...

그런데 대부분의 학습자들이 특정 접속사를 사용한 절의 이름을 그냥 암기식으로 배우기 때문에(예 조건절), 양보절에서 양보는 무슨 의미인지를 알고 사용하는 경우는 매우 드물다. 양보의 우리말 뜻은 크게 다음 세 가지이다.

a. 길이나 자리, 물건 따위를 사양하여 남에게 미루어 줌.
b. 자기의 주장을 굽혀 남의 의견을 좇음.
c. 남을 위하여 자신의 이익을 희생함.

하지만 이러한 의미를 다음과 같은 소위 '양보절'을 포함한 영어 문장에 그대로 적용시키기는 힘들다. 예를 들어 'Though he is smart, he isn't honest.' 문장은 '그는 똑똑하지만/똑똑함에도 불구하고, 정직하지 않다'로 번역하는데 위의 세 뜻 중에서 딱히 맞아 떨어지는 의미가 없다. 영어에서는 위의 접속사를 사용한 절을 'concessive clause'라고 부르는데 그 의미는 'a clause that refers to a situation that contrasts with the one of the main clause'이다. 즉, 주절의 상황과 대비되는 상황을 제시하는 절을 concessive clause라고 부른다. 이러한 concessive clause의 의미는 위 영어 예시문을 잘 설명해주고 있지만, 우리말 '양보절'의 의미는 그러하지 못한 점을 고려한다면 '양보절'을 대체할 수 있는 새로운 표현을 쓰는 것이 바람직하다. '대비절(對比節)' 또는 '대조절(對照節)'과 같은 대체 용어를 생각해 볼 수 있는데, 아마도 언젠간 더 좋은 표현이 사용되기를 기대해본다.

68 And

접속사 'and'는 단어, 구, 절들을 연결하는 역할을 하는데 우리말의 간섭으로 인해 적절치 못하게 사용하는 경우가 많다. 예들을 통해서 흔히 범하는 실수들을 알아보자.

1. 두 형용사가 명사를 수식할 때, 두 형용사를 and로 분리하지 않고 이어서 사용한다.

가령 "그는 화려하고 긴 우산을 가지고 다닌다."는 문장을 작문할 때 '~하고'를 고려하여 아래와 같이 옮기는 경우가 있다. 하지만 이 경우 영어에서는 and를 사용하지 않고 바로 이어 쓴다.

a. ~~He carries a colorful and long umbrella.~~
b. He carries a colorful long umbrella.

⚠ 단, 두 형용사가 같은 부류의 특징을 지닐 때는(예 색, 재질 등) and를 사용한다.

• a red and green flag • a gold and silver plate

2. 서로 상반되는 내용의 절을 연결할 때는 and 대신에 but을 사용한다.

c. ~~David is a good actor and he is not famous now.~~

이 문장을 'David는 좋은 배우이며 지금은 유명하지 않다.'로 번역한 후 우리말 사용자들에게 어색하지 않은지 물어보면 특별한 문제가 없다고 생각하는 경우가 꽤 있을 것이다. 하지만 이처럼 상반된 내용일 때는 but을 사용해 표현해야 한다.

d. David is a good actor but he is not famous now.
e. He doesn't like her very much but wants to marry her because of her background.

3. 긍정문에서는 and를 그리고 부정문에서는 or를 사용한다. 단, 부정문에서 두 내용이 서로 매우 밀접하게 연관된 것일 때는 and를 사용한다.

f. The boy had a pen and a notebook.
g. They don't seem to have any money or time.
h. ~~They don't seem to have any money and time.~~
i. Julie never drinks and drives. ➜ drink와 drive는 밀접한 행동들임

69 As, Part 1

as 만큼 접속사로서 다양한 의미를 지니는 표현은 없다고 해도 지나친 말이 아니다. if 나 though 같은 접속사는 단어를 보는 순간에 조건이나 양보의 의미가 떠오르지만 as의 경우는 문맥을 잘 파악해야만, 그 정확한 의미를 알 수 있기 때문에 해석에 오류가 있는 경우가 많다. 접속사로서 as는 크게 다음 여섯 가지의 역할을 한다: 1) 동시에 발생하는 일을 나타낼 때; 2) 두 가지를 비교할 때; 3) 이유를 설명할 때; 4) 어떤 일이 발생하거나 다루어지는 방법을 나타낼 때; 5) 어떤 상황임에도 불구하고를 의미할 때; 6) 말하고자하는 내용의 진실함에 대해 언급할 때.

1. 동시에 발생하는 일을 나타낼 때

a. The performance started as I got there.

➜ 도착과 공연 시작이 동시에 일어남. 극히 동시에 일어날 때는 just as

b. As I was leaving, someone knocked on the door.

⚠ 위와 같은 상황일 때, 많은 학습자들은 as 대신에 when을 사용해야 한다고 생각하거나, as 또는 when을 사용할 수 있다고 생각한다. 하지만 when을 사용하면 전혀 다른 의미를 나타낸다.

- The performance started when I got there.

이 문장의 의미는 '내가 도착하고 나서 공연이 시작되었다.'이다. 즉 when 이하가 먼저 일어나는 경우를 의미하므로 as를 사용했을 때와는 전혀 다른 의미이다.

2. 두 가지를 비교할 때(흔히들 말하는 원급비교로서 비교대상이 유사함을 의미)

c. David is as tall as his younger brother.

d. The final exam was as difficult as the mid-term exam.

⚠ 위 구문을 사용할 때 유의할 점은 as와 as 사이에 형용사만 가능한 것이 아니라 부사나 명사구 등 다양한 표현을 사용할 수 있다는 점이다. 단, 명사구를 사용할 때, 관사가 있는 명사구는 'as+형용사+관사+명사+as'의 순서를 사용하고 관사가 없는 명사구는 'as+형용사+명사+as'의 순서를 따른다.

- I can't run as fast as you. ➜ 부사 fast
- He wants to be as good a grandfather as the one he had.
- Tommy spends twice as much money as I earn.

70 As, Part 2

3. 이유를 설명할 때(= because, since)

e. I went to bed early as I was completely exhausted.

f. As it was getting dark, we decided to finish the conference.

g. She spoke quietly as she didn't want her daughter to hear.

4. 어떤 일이 발생하거나 다루어지는 방법을 나타낼 때

h. Leave everything untouched as you found it.

⇒ 당신이 그것을 발견했을 때의 상태로 모든 걸 그대로 두시오.

i. I invested the money as they proposed.

j. You should behave toward them as you would like to be treated.

⇒ 당신이 대접받고 싶은 방식으로 그들은 대하도록 하세요.

5. 어떤 상황임에도 불구하고를 의미할 때

as를 though, even though의 뜻을 지닌 접속사로 사용할 때는 특별한 어순을 따라야 한다. 즉, 강조하는 내용(형용사, 부사, 그리고 드물게 동사)을 문장의 처음에 위치시키고 이후에는 평소의 어순을 사용.

k. Strange as it may sound, I never want to have a car.

l. Young as he was, he understood the situation totally.

➜ 형용사를 강조. '그는 어렸음에도 불구하고, 그 상황을 완벽히 이해했다.'

m. Bravely as they fought, there was no chance of winning the war.

n. Look as he may to find her on the market, she has already gone.

➜ 동사를 강조. '그가 그녀를 시장에서 찾으려고 노력할지라도, 그녀는 이미 떠났다.'

o. Try as she did, she could not forget the accident.

➜ 동사를 강조. '노력을 했음에도 불구하고, 그 사고를 잊을 수 없었다.'

6. 말하고자 하는 내용의 진실함에 대해 언급할 때

p. As you can see, we've been suffering from increasing costs.

q. He was standing, as I remember, at a crossroad.

⇒ 내가 기억하는 바로는, 그가 사거리에 서 있었다는 것이 사실이다.

r. They have, as you know, called for a reelection.

71 So

접속사로서 so는 크게 세 가지 의미의 절을 이끌 때 사용한다: 목적, 결과, 그리고 이유.

1. 목적: '~하기 위하여'의 뜻을 나타날 때, 주어와 본동사를 다 포함하는 절에서는 so 또는 so (that)을 사용하고, 'to-부정사' 절이 뒤 따를 때는 'so as to+동사원형'만이 가능하다. in order that 또는 in order to와 같은 의미를 지님.

   a. John lifted her daughter onto his shoulder so (that) she could see the parade.
   b. I will give you my address so you won't get lost.
   c. I keep the door open so as to let fresh air in.
   d. ~~I keep the door open so to let fresh air in.~~
   e. They woke up early so as not to be late for the meeting.
   ➜ so as to의 부정 표현은 so as not to

2. 결과: 앞 절에 주어진 상황의 결과로 일어난 일을 언급할 때 so (that)을 사용. as a result 또는 therefore와 같은 의미를 지님.

   f. My English was very limited, so my friend had to interpret my speech.
   g. Nothing was heard from him, so we wondered if he had any problem.

3. 이유: 앞 절에 주어진 상황에 대한, 배경 이유를 언급할 때.

   h. I went on a diet so I could lose weight.
   ⇒ 몸무게를 줄여야 했기 때문에 다이어트를 했다.
   i. Spare me five minutes so I can tell you about the movie.
   ⇒ 그 영화에 대해 이야기해 줄 테니 5분만 시간 내줘.

⚠ so (that)와 comma: 위에 주어진 문장들을 보면 so 앞에 comma를 사용한 경우도 있고 그렇지 않은 문장도 있다. 많은 문법책들에서 이와 관련하여 뚜렷한 규칙을 제시하지 않고 comma의 존재 유무가 문장의 의미에 변화를 주지 않기 때문에 comma를 자유스럽게 사용할 수 있다고 다루고 있다.

72 Whether, Part 1

whether는 접속사로서 그리고 옛날 영어에서는 대명사로도 사용하였지만, 오늘날의 영어에서는 대명사로는 쓰지 않기 때문에 접속사로만 사용한다. 절을 이끄는 접속사로서 다음 세 가지 역할을 한다: 간접의문문을 이끌 때, 두 가지 선택을 언급할 때, 그리고 조건절을 이끌 때.

1. 간접의문문에서의 whether

의문사가 없는 의문문을 간접 의문문('~인지 아닌지')으로 만들 경우에는, whether나 if 접속사를 필히 먼저 사용하고 '주어+동사'의 순으로 배열한다.

> Does he like her?
> ⇓ 시제와 수를 일치시킴
> a. I wonder *whether(if)* he likes her.
> ➜ 주절 wonder의 시제가 현재이므로, 3인칭 단수 likes로

> Will Susie show up?
> ⇓ 시제와 수를 일치시킴
> b. He didn't know *whether(if)* Susie would show up.
> ➜ 주절의 시제가 과거(didn't)이므로, will을 would로

2. 두 가지 선택(alternatives)을 언급할 때의 whether

두 가지의 선택 또는 가능성을 제시할 때 whether를 사용하며 아래 예에서 보듯이 'whether A or B' 'whether A or whether B' 'whether A or not' 'whether or not A' 등 다양한 형식을 사용한다. 이 경우에는 if로 대치할 수 없다.

c. We're not sure whether he'll stay here or go somewhere else.
d. I can't tell whether she is British or whether she is American.
e. Tim doesn't even know whether he is late or not.
f. ~~They can't decide if it is a good idea or not.~~
g. I'm not sure whether or not to go to camping this weekend.
h. ~~There was a debate over if or not to send more supplies.~~
i. The family are deciding whether to accept the offer.
j. ~~I'm not sure if to get a new laptop.~~

73 Whether, Part 2

3. 조건절에서의 whether: ~ 일지라도

어떠한 상황일지라도 주절에서 언급된 일이 발생하는 경우에, 그 상황들을 열거하는 절을 이끄는 접속사로 whether를 사용한다. 이 경우에 whether를 if로 대치할 수 없다.

k. I'm going whether you like it or not. ⇒ 네가 좋아하든 아니든 난 갈 거야.
l. ~~I'm going if you like it or not.~~
m. He is going to buy a car whether he gets a job or not.
n. Whether we win or whether we lose, we will respect the outcome.

⚠ whether관련 유의 사항

1) 간접의문문을 이끄는 whether는 생략할 수 없다.
- They asked me whether I wanted to take a break.
- ~~They asked me I wanted to take a break.~~

2) 간접의문문에서 whether 대신에 either를 사용할 수 없다.
- It is hard to say whether private education is good or bad.
- ~~It is hard to say either private education is good or bad.~~

3) 간접의문문에서 전치사 다음에 if는 사용할 수 없고, whether만이 가능
- They had argued about whether his bag needed to be checked.
- ~~They had argued about if his bag needed to be checked.~~
- The police were interested in whether there was anything stolen.
- ~~The police were interested in if there was anything stolen.~~

Important

either와의 차이점: whether가 이끄는 절은 독립적인 문장으로 사용할 수 없고 주절과 함께 존재한다. 하지만 'either A or B'가 이끄는 절은 그 자체가 독립적인 문장이 될 수 있다.

- Either it is true or not true.
- ~~Whether it is true or not true.~~ ➜ 주절이 없음
- Whether it is true or not true, the search will continue. ➜ 주절이 있음
- Either we go now or we stay here.
- ~~Whether we go now or we remain here.~~ ➜ 주절이 없음
- I was asked whether I wanted to stay or to leave. ➜ 주절이 있음

TEST YOURSELF

1. 밑줄 친 부분에 들어갈 표현으로 가장 적절한 것을 고르시오. (2010 지방직 9급) 참고 #64

The dancing bear at the circus was very entertaining. It was able to balance a ball on its nose __________ it was standing on one foot.

① where ② whereas
③ while ④ now that

2. 다음 우리말을 영어로 가장 잘 옮긴 것은? (2012 국가직 7급) 참고 #64

Thomas Edison은 "계속해서 노력하는 한 실패는 없다"라는 말을 믿었고, 한 가지 실험에 성공하기까지 수백 번의 실패를 거듭했다.

① Thomas Edison believed, "There is no failure by you fail to keep trying," and he experienced hundreds of failed experiments for each success.
② Thomas Edison believed, "There is no failure by you fail to keep trying," and he experienced hundreds failed experiments for each success.
③ Thomas Edison believed, "There is no failure until you fail to keep trying," and he experienced hundreds failed experiments for each success.
④ Thomas Edison believed, "There is no failure until you fail to keep trying," and he experienced hundreds of failed experiments for each success.

3. 다음 ㉠과 ㉡에 들어갈 말로 가장 적절한 것은? (2015 경찰공무원) 참고 #64

(㉠) John (㉡) Ted needs to confirm how many chairs we'll need.

① ㉠ Both ㉡ and
② ㉠ Either ㉡ or
③ ㉠ Both ㉡ or
④ ㉠ Either ㉡ and

4. 우리말을 영어로 잘못 옮긴 것은? (2016 국가직 9급) 참고 #64

① 나의 이모는 파티에서 그녀를 만난 것을 기억하지 못했다.
→ My aunt didn't remember meeting her at the party.

② 나의 첫 책을 쓰는 데 40년이 걸렸다.
→ It took me 40 years to write my first book.

③ 학교에서 집으로 걸어오고 있을 때 강풍에 내 우산이 뒤집혔다.
→ A strong wind blew my umbrella inside out as I was walking home from school.

④ 끝까지 생존하는 생물은 가장 강한 생물도, 가장 지적인 생물도 아니고, 변화에 가장 잘 반응하는 생물이다.
→ It is not the strongest of the species, nor the most intelligent, or the one most responsive to change that survives to the end.

5. 밑줄 친 부분 중 어법상 옳지 않은 것은? (2012 국가직 7급) 참고 #64

When the Dalai Lama fled across ①the Himalayas into exile in the face of ②advancing Chinese troops, ③little did the youthful spiritual leader know ④what he might never see his Tibetan homeland again.

6. 우리말을 영어로 잘못 옮긴 것은? (2009 지방직 9급) 참고 #64, 65

① 우리는 통금시간을 청소년을 괴롭히는 또 다른 방식으로 보지 않는다.
→ We don't look at the curfew as another way to hassle juveniles.

② 불법 이민자 수가 이백만 명에서 천만 명에 이를 것이라고 추산되고 있다.
→ Estimates of illegal immigrants range from two million to ten million.

③ 우리는 더 많은 지식을 얻음으로써 의심을 없앨 수 있다.
→ We can rid ourselves of our suspiciousness only by procuring more knowledge.

④ 여기에 서명하세요, 그렇지 않으면 법적 효과가 없대요.
→ Please sign here, in case it is not valid.

7. 우리말을 영어로 잘못 옮긴 것은? (2014 국가직 7급) 참고 #65

① 누가 엿들을까봐 그는 목소리를 낮추었다.
→ He lowered his voice for fear he should not be overheard.

② 그녀는 그 계획을 계속 따라 갈 사람이 결코 아닐 것이다.

→ She would be the last person to go along with the plan.

③ 고위 간부들은 일등석으로 여행할 자격이 있다.

→ Top executives are entitled to first class travel.

④ 일하는 것과 돈 버는 것은 별개의 것이다.

→ To work is one thing, and to make money is another.

8. 우리말을 영어로 잘못 옮긴 것은? (2014 방재안전직 9급) 참고 #65

① 그는 외출하면 반드시 무엇인가를 산다.

→ He never goes out without buying something.

② 시계가 9시를 치자마자, 그녀는 라디오를 켰다.

→ As soon as the clock struck nine, she turned on the radio.

③ 그는 시험에 떨어지지 않도록 열심히 공부했다.

→ He studied hard lest he should not fail in the exam.

④ 편하실 때 언제든지 저를 만나러 오세요.

→ Come and see me whenever it is convenient for you.

9. 밑줄 친 부분 중 어법상 옳지 않은 것은? (2018 지방교육행정직) 참고 #65

Sustainability is a difficult and complex issue, and an elusive one. It is enormously important ①since it has to do with nothing less than the chances of humankind surviving on this planet. At the rate that the human race is using scarce and limited resources it appears that, unless measures are taken now—and if there is still time—the future of civilization, at least as we understand it now, ②is uncertain, to say the least. It follows that such a complex subject has no simple and straightforward treatment, especially ③considered that sustainability is not a goal but a process. It leads to a better life for the present generation and survival for generations to come, ④enhancing their ability to cope with the world that they will inherit.

10. 다음 중 어법상 가장 옳지 않은 것은? (2017 서울시 7급) 참고 #68

① What personality studies have shown is that openness to change declines with age.

② A collaborative space program could build greater understanding, promote world peace, and improving scientific knowledge.

③ More people may start buying reusable tote bags if they become cheaper.

④ Today, more people are using smart phones and tablet computers for business.

11. 우리말을 영어로 잘못 옮긴 것은? (2014 사회복지 지방직 9급) 참고 #69

① 당신은 그 영화를 봤어야 했다.
→ You should have watched the movie.

② 당신을 성공으로 이끄는 것은 재능이 아니라 열정이다.
→ It is not talent but passion that leads you to success.

③ 시간을 엄수하는 것은 모든 사람들이 갖추어야 할 미덕이다.
→ Being punctual is the virtue everyone has to have.

④ 사람들은 나이가 들면서 엄해지는 경향이 있다.
→ People tend to be strict as though they got old.

12. 다음 빈칸에 순서대로 들어갈 말로 가장 적절한 것은? (2015 경찰공무원) 참고 #72

> I write my essays in notebooks with lined pages, sometimes using a pen, sometimes a pencil. (   ) I'm writing an essay at home, I sit in the chair in my study. If I'm away from home, I can write in a hotel room or cafe. If I haven't got a notebook with me, the back of an envelope will do. The reason for using a notebook is that I can go back and check an earlier draft, to see (   ) the essay is getting better or worse.

① While — whether

② While — when

③ What — how

④ What — that

13. 우리말을 영어로 잘못 옮긴 것은? (2016 지방직 7급) 참고 #72

① 당신이 그것을 더 잘 이해할 수 있게 제가 도표를 만들었습니다.
→ I made a chart so that you can understand it better.

② 제가 사무실에 없을지도 모르니까 제 휴대전화 번호를 알려 드릴게요.
→ In case I'm not in my office, I'll let you know my mobile phone number.

③ 선거에 대해서 말하자면 아직까지 누구에게 투표할지 못 정했어.
→ Speaking of the election, I haven't decided who I'll vote for yet.

④ 네가 여기에 오나 내가 거기에 가나 마찬가지다.
→ It's the same that you come here or I go there.

14. 어법상 옳지 않은 것은? (2015 지방직 7급) 참고 #72, 73

The immune system in our bodies ①fights the bacteria and viruses which cause diseases. Therefore, whether or not we are likely to get various diseases ②depend on how well our immune system works. Biologists used to ③think that the immune system was a separate, independent part of our body, but recently they ④have found that our brain can affect our immune system. This discovery indicates that there may be a connection between emotional factors and illness.

15. 다음 중 문법상 옳지 않은 것은? (2015 국회 9급) 참고 #73

① With no seat at the table, the man had no choice but to stand there.
② Whether mistakes were made and things just didn't work out, he had to apologize.
③ The steps toward the goal can be practiced only by oneself.
④ There were nearly 5.6 million open jobs at the end of May.
⑤ The number of women who own guns has been rising rapidly over the past decade.

Answer and Explanation

1	③	빈칸 전후에 있는 행동들이 동시에 벌어질 수 있는 것들이므로 동시성을 나타내는 접속사인 while을 사용.
2	④	by는 접속사가 아니므로 ①, ②번은 틀린 문장이며 '수백 번의 실패'에 해당하는 표현은 'hundreds of failed experiments'임.
3	②	동사 needs가 단수이므로 주어가 두 사람이 될 수 없다. 따라서 either A or B 구문이 필요.
4	④	④번 문장은 'A도 아니고 B도 아니지만 C이다'의 구문이다. 따라서 'not A nor B but C'로 표현해야한다. 즉 or를 but으로 수정.
5	④	④번에서 '그가 다시 조국을 볼 수 없을 가능성이 있다는 것'이 know의 목적어 역할을 한다. 따라서 목적어절을 이끄는 접속사 that이 올바른 표현. 참고로 what이 이끄는 절에는 see의 목적어가 없어야 하는데(what이 그 역할을 수행하고 있으므로) see의 목적어인 his Tibetan homeland가 있으므로 what은 부적절함. ①번의 'the+산이름s = 산맥'을 뜻함. ③번의 경우, 부정적 의미의 부사를 앞에 위치하면, 그 다음에 동사+주어의 순서로 도치하는 표현에 해당.
6	④	접속사 in case의 의미는 '... 할 가능성이 있기 때문에(because there is a possibility that ...)'이므로 문맥에는 적합하지 않다. 올바른 표현은 여러 가지가 있는데 'Please sign here. If not, it is not valid.' 'Please sign here, otherwise it is not valid.'와 더불어 명령문 다음에 '... 하지 않으면'의 의미를 지닌 'or'를 사용하여 표현할 수도 있다: 'Please sign here, or it is not valid.' ②번에서 이백만 또는 천만 명을 표현할 때 two million, ten million으로 표현하고 있는데, 구체적인 숫자를 언급할 때는 two millions처럼 복수로 표현하지 않는다. 불특정한 숫자를 언급할 때(예 millions of people)는 복수로 표현한다.
7	①	'for fear (that)'은 '~하는 것이 두려워' 뜻을 지닌 접속사 표현이다. 따라서 '누가 엿들을까봐'에 올바른 표현은 not을 생략한 'for fear he should be overheard'이다. ②번의 'the last person to+동사원형'은 '가장 ~할 것 같지 않은 사람'을 뜻하는 숙어. ③번의 'be entitled to+명사/동사'는 '~할 자격이 있다'는 뜻의 숙어.
8	③	접속사 lest는 '~하지 않도록'을 뜻하므로 lest he should fail in the exam으로 수정.

9	③	③번 문장은 'sustainability가 목표가 아니라 과정이라는 점을 고려한다면, 그처럼 복잡한 주제는 간단하고 확실한 해결책을 지니고 있지 않다'로 이해하는 것이 문맥상 적절하다. 따라서, '~를 고려한다면'을 이끌 수 있는 접속사 considering (that)을 사용해야 한다. ②번의 주어는 단수인 'the future of civilization'이므로 is는 올바름. ④번은 분사구문으로, 주어는 앞 절의 it(sustainability를 지칭)과 동일하므로 생략하고 본동사 enhance를 enhancing으로 바꾼 구문이다.
10	②	②번은 '동사+명사, 동사+명사, and 동사+명사'의 구문이므로 improving을 improve로 수정해야 함. ①번처럼 what이 이끄는 절은(이 문장에서는 주어 역할) 단수 취급함.
11	④	④번 문장은 누구에게나 적용되는 사실에 관한 내용이다. 이 경우에는 언제나 단순 현재 시제(get)를 사용한다. 또한 두 가지 사건이 동시에 일어나는 경우에 적절한 접속사는 as though가 아니라 as임.
12	①	첫 번째 빈 칸은 문맥상 '내가 집에서 에세이를 쓸 때는'에 적합한 표현이어야 하므로 while이 맞음. 두 번째 빈 칸은 '에세이가 좋아지는지 또는 나빠지는지를 알아보기 위해서'에 맞는 표현으로 whether가 적절함.
13	④	④번 문장의 'A 하거나 B 하는 것은 마찬가지이다'의 의미를 나타내는데 적합한 접속사는 'whether ~ or'이므로 'the same whether A or B'로 표현해야 한다.
14	②	'whether or not we ... various diseases'는 주어 역할을 하는 명사절이며 단수 취급을 한다. 따라서 depend가 아닌 depends를 사용해야 함.
15	②	②번의 접속사 whether는 'whether A or B'의 형태로 쓰이므로 and를 or로 수정해야 함. 이 문장에서 whether는 둘 중 하나를 의미하는 'A 또는 B이거나'의 미가 아니라, 'A 또는 B 일지라도' 뜻의 접속사로(even if와 동일) 사용되고 있다: '실수가 발생했거나 그저 일이 잘 진행되지 않았을지라도 그는 사과해야만 했다.'

종합테스트

종합 테스트

1. 우리말을 영어로 바르게 옮긴 것은? (2009 국가직 9급)

① 나는 그에게 충고 한 마디를 했다.
→ I gave him an advice.

② 많은 아버지의 친구들이 그 모임에 왔다.
→ Many father's friends came to the meeting.

③ 나는 나 혼자서 사업을 운영하겠다고 주장하였다.
→ I insisted to run my business alone.

④ 밥은 쓸데없는 일에 돈을 낭비한 것을 후회한다.
→ Bob regrets wasting his money on useless things.

2. 우리말을 영어로 옮긴 것으로 옳지 않은 것은? (2010 국가직 9급)

① 영어를 배우는 것은 결코 쉬운 일은 아니다.
→ It is by no means easy to learn English.

② 비록 가난하지만 그녀는 정직하고 부지런하다.
→ Poor as she is, she is honest and diligent.

③ 사업에서 신용만큼 중요한 것은 없다.
→ Everything in business is so important as credit.

④ 그 남자뿐만 아니라 너도 그 실패에 책임이 있다.
→ You as well as he are responsible for the failure.

3. 다음 중 우리말을 영어로 잘못 옮긴 것은? (2011 국가직 9급)

① 그는 결코 당신을 속일 사람이 아니다.
→ He is the last person to deceive you.

② 그는 주먹다짐을 할 바에야 타협하는 것이 낫다고 생각한다.
→ He would much rather make a compromise than fight with his fists.

③ 프레스코는 이태리 교회의 익숙한 요소이기 때문에 이것을 당연하게 생각하기 쉽다.
→ Frescoes are so familiar a feature of Italian churches that they are easy to take it for granted.

④ 그는 대학에 다니지 않았지만 아는 것이 아주 많은 사람이다.
→ Even though he didn't go to college, he is a very knowledgeable man.

4. 다음 중 어법 상 옳은 것은? (2011 국가직 9급)

① She objects to be asked out by people at work.

② I have no idea where is the nearest bank around here.

③ Tom, one of my best friends, were born in April 4th, 1985.

④ Had they followed my order, they would not have been punished.

5. 다음 중 어법 상 옳은 것은? (2012 지방직 9급)

① The college newspaper prints only the news that are of interest to the students and faculty.

② As soon as I will get all the vaccination, I will be leaving for a break.

③ Susan likes to lay down for a short nap every afternoon.

④ The instructions require that we not use a red pen.

6. 다음 중 어법 상 옳은 것은? (2012 국가직 9급)

① She felt that she was good swimmer as he was, if not better.

② This phenomenon has described so often as to need no further cliches on the subject.

③ What surprised us most was the fact that he said that he had hardly never arrived at work late.

④ Even before Mr. Kay announced his movement to another company, the manager insisted that we begin advertising for a new account.

7. 다음 빈 칸에 들어갈 말로 가장 적절한 것은? (2013 경찰공무원)

> 그는 음주운전으로 벌금형을 받았다.
> → He was _____ for driving ______ the ______ of alcohol.

① fined	to	impact
② charged	on	condition
③ fined	under	influence
④ charged	around	state

8. 우리말을 영어로 옮긴 것으로 가장 적절한 것은? (2013 국가직 9급)

① 그들이 10년간 살았던 집이 폭풍에 심하게 손상되었다.

→ The house which they have lived for 10 years badly damaged by the storm.

② 수학 시험에 실패했을 때에서야 그는 공부를 열심히 하기로 결심했다.

→ It was not until when he failed the math test that he decided to study hard.

③ 냉장고에 먹을 것이 하나도 남아있지 않아서, 어젯밤에 우리는 외식을 해야 했다.

→ We had nothing to eat left in the refrigerator, we had to eat out last night.

④ 우리는 운이 좋게도 그랜드캐넌을 방문했는데, 거기에는 경치가 아름다운 곳이 많다.

→ We were enough fortunate to visit the Grand Canyon, that has much beautiful landscape.

9. 다음 문장 중 어법상 옳은 것은? (2013 국가직 9급)

① Few living things are linked together as intimately than bees and flowers.

② My father would not company us to the place where they were staying, but insisted on me going.

③ The situation in Iraq looked so serious that it seemed as if the Third World War might break out at any time.

④ According to a recent report, the number of sugar that Americans consume does not vary significantly from year to year.

10. 우리말을 영어로 가장 잘못 옮긴 것은? (2014 사회복지 지방직 9급)

① 그가 전화를 하고 나서야 나는 지갑을 잃어버린 것을 알았다.

→ I did realize I had lost my wallet until he called me.

② 그를 보는 순간, 그가 범인이라는 감이 왔다.

→ The moment I saw him, I had a feeling that he was the criminal.

③ 그는 대통령 선거에서 누가 이기든 상관하지 않을 것이다.

→ He won't care who wins the presidential election.

④ 초록 단추를 눌러야 한다. 그렇지 않으면 작동하지 않을 것이다.

→ You have to press the green button; otherwise it won't work.

11. 우리말을 영어로 잘못 옮긴 것은? (2014 국회 8급)

① 남부지방의 심한 가뭄으로 금년의 쌀 수확이 상당히 감소할 것으로 보도됐다.

→ It was reportedly estimated that this year's rice harvest would suffer a considerable decrease because of the unusually long spell of dry weather we have had in the southern areas.

② 만일 한 나라가 다른 나라의 국내 정책 변경을 요구한다면 전자는 타국의 내정에 간섭한다는 비난을 받을 것이다.

→ If any country demands that some other country change its domestic policies, the former shall be condemned of interfering with another's domestic affairs.

③ 수출의 진흥에는 품질이 좋고 값싼 상품을 공급하는 것이 중요하다. 그러나 사후 서비스에 만전을 기하는 것이 더 중요하다.

→ To bring about an increase in exports, it is important for us to sell commodities of excellent quality and a low price. It is all the more important, however, to see to it that perfect after-sales service is provided.

④ 더 효과적이며 창의적인 국제적 용수 관리가 필요하다.

→ We need more effective and creative international water management.

⑤ 중앙계획경제가 시장경제로의 전환에 성공한 적은 한 번도 없었다.

→ Every centrally planned economy has not managed the transition to the market economy.

12. 우리말을 영어로 가장 잘 옮긴 것은? (2016 지방직 7급)

① 부모의 지도는 학교 교육 못지않게 중요하다.

→ Parental guidance is no more important than school education.

② 그 책은 교육적 관점에서 바람직하지 못하다.

→ The book is undesirable from an educational point of view.

③ 그 교육 정책은 아동들이 빈곤에서 벗어나도록 도와주었다.

→ The educational policy helped escape children out of poverty.

④ 그는 학습장애아동을 지도하는 교사다.

→ He is a teacher for children disability learning.

13. 다음 중 어법상 옳지 않은 것은? (2016년 국가직 7급)

① I met a student yesterday in the cafeteria who said she knew you.

② Even though Tim is your friend, he isn't to be trusted with other people's money.

③ We suggest you to take a copy of the final invoice along with your travel documents.

④ Surprisingly, she didn't have any objections to make to the proposal.

14. 우리말을 영어로 가장 잘 옮긴 것은? (2016 국가직 7급)

① 어떤 교수의 스타일에 적응하는 데는 항상 시간이 좀 걸린다.
→ Time always takes little to tune in on a professor's style.

② 나는 마지막 순간까지 기다렸다가 밤을 새우는 데 익숙해있다.
→ I'm used to waiting until the last minute and staying up all night.

③ 그 수학 문제는 너무 어려워서 그 학생이 답을 할 수 없었다.
→ The math question was too tough for the student to answer it.

④ 나는 너무 많은 시간의 힘든 일로 정말 지쳤다.
→ Too many hours of hard work really tired of me.

15. 우리말을 영어로 잘못 옮긴 것은? (2016 국가직 7급)

① 많은 사람들이 아파서 회의가 취소되었다.
→ With many people ill, the meeting was cancelled.

② 이것은 우리가 예상했던 것만큼 그렇게 간단한 문제는 아니다.
→ It is not so straightforward a problem as we expected.

③ 학생들이 몇 개의 가방을 가지고 탑승할 건가요?
→ How many bags are the students carrying on board with them?

④ 아무런 해명도 없었다. 사과는 말할 것도 없고.
→ No explanation was offered, still more an apology.

16. 어법상 옳은 것은? (2016 지방직 9급)

① That place is fantastic whether you like swimming or to walk.

② She suggested going out for dinner after the meeting.

③ The dancer that I told you about her is coming to town.

④ If she took the medicine last night, she would have been better today.

17. 어법상 옳은 것은? (2016 지방직 9급)

① The poor woman couldn't afford to get a smartphone.

② I am used to get up early every day.

③ The number of fires that occur in the city are growing every year.

④ Bill supposes that Mary is married, isn't he?

18. 다음 글의 빈칸에 들어갈 말로 가장 적절한 것은? (2016 경찰공무원)

Mind Tool is an innovative product (㉠) improves student's writing skills. It provides students (㉡) the self-confidence to acquire knowledge on their own. It is a unique set of tools which enables students to (㉢) self-directed learners.

① ㉠ that ㉡ with ㉢ become
② ㉠ that ㉡ into ㉢ becoming
③ ㉠ who ㉡ with ㉢ become
④ ㉠ who ㉡ into ㉢ becoming

19. 다음 우리말을 영작한 것 중 가장 적절하지 않은 것은? (2016 경찰공무원)

① 무고한 사람들을 보호하는 것이 우리가 가장 우선적으로 해야 할 일이다.
→ It is our top priority to protect the innocent people.

② 일단 우리가 어떤 습관을 가지게 되면 그것을 버리기 쉽지 않다.
→ Once we get into a habit, it is not easy for us to take it over.

③ 긍정적인 생각이 우리를 인생에서 성공하도록 할 것이다.
→ Positive thinking will lead us to success in life.

④ 모든 사물은 보이는 것과 항상 같지는 않다
→ Things are not always what they seem to be.

20. 어법상 옳은 것은? (2017 국회 8급)

① The building is 123th story high.
② A drowned man will catch a straw.
③ Understanding a country's culture is bewildered and complex.
④ Two uniformed officers turned their heads.
⑤ An expensive book was belonging to this club was lost.

21. 어법상 옳은 것은? (2017 사회복지 지방직 9급)

① They didn't believe his story, and neither did I.

② The sport in that I am most interested is soccer.

③ Jamie learned from the book that World War I had broken out in 1914.

④ Two factors have made scientists difficult to determine the number of species on Earth.

22. 다음 중 어법에 맞는 표현으로 가장 적절한 것은? (2017 경찰공무원)

- I'm considering (㉠) my job. 나는 일을 그만둘까 생각 중이다.
- She accused the CEO of her company (㉡) embezzlement. 그녀는 그녀가 일하는 회사의 대표이사를 횡령 혐의로 고발하였다.
- He felt (㉢) at being the center of attention. 그는 그에게 관심이 집중되자 당황했다.

	㉠	㉡	㉢
①	to quit	on	embarrassed
②	to quit	of	embarrassing
③	quitting	of	embarrassed
④	quitting	on	embarrassing

23. 다음 중 문법적으로 올바른 문장은? (2017 서울시 9급)

① Both adolescents and adults should be cognizant to the risks of second-hand smoking.

② His address at the luncheon meeting was such great that the entire audience appeared to support him.

③ Appropriate experience and academic background are required of qualified applicants for the position.

④ The major threat to plants, animals, and people is the extremely toxic chemicals releasing into the air and water.

24. 다음 문장에서 어법상 가장 적절한 것은? (2018 경찰공무원)

- The daughter made her parents ㉠happily.
- Chaera ㉡lay down on the bed and took a nap yesterday.
- When he ㉢will retire next month, we will give him a present.
- Trees must be fitted for the places ㉣where they live in.

① ㉠ ② ㉡ ③ ㉢ ④ ㉣

25. 우리말을 영어로 옳게 옮긴 것은? (2018 지방직 9급)

① 그는 며칠 전에 친구를 배웅하기 위해 역으로 갔다.
→ He went to the station a few days ago to see off his friend.

② 버릇없는 그 소년은 아버지가 부르는 것을 못 들은 체했다.
→ The spoiled boy made it believe he didn't hear his father calling.

③ 나는 버팔로에 가본 적이 없어서 그곳에 가기를 고대하고 있다.
→ I have never been to Buffalo, so I am looking forward to go there.

④ 나는 아직 오늘 신문을 못 읽었어. 뭐 재미있는 것 있니?
→ I have not read today's newspaper yet. Is there anything interested in it?

26. 빈칸 (A), (B)에 들어갈 표현으로 어법상 가장 적절한 것은? (2015 지방교육행정직)

We tend to organize __(A)__ we perceive into whole, continuous figures. If the stimulus pattern is incomplete, we most likely will fill in the missing elements. Reading the letters *K..O.. ..E..A*, Koreans are apt to add the missing letter to form the word *KOREA*. However, a person from another culture might read the letters __(B)__, not unconsciously supplying the letter R and, hence, arriving at an entirely different interpretation of the letters.

(A) (B)
① what – different
② what – differently
③ that – different
④ that – differently

27. 밑줄 친 부분 중 어법상 옳지 않은 것은? (2015 지방교육행정직)

I met a university professor who reported that his daughter ①had sent thirteen thousand text messages to her friends in a single month. If each message took, say, fifteen seconds ②to key in, the father calculated that the daughter spent hours a day texting, a word my spell-checker does not yet recognize. Sending text messages ③is obviously an addictive and compulsive behavior. My wife and I once drove past a young man ④rode no hands on a bicycle. In one hand he was thumbing a text message. In the other he held what looked like a three- or four-month-old baby.

28. 밑줄 친 부분 중 어법상 옳지 않은 것은? (2017 지방교육행정직)

Some researchers claim that aggressive children simply prefer violent TV and would behave just as violently without that exposure. However, that argument cannot account for the results of numerous studies ①in which children are assigned to watch either a violent or nonviolent video or film. In most of this research, ②those exposed to violence behave more aggressively immediately afterward. In one study, for example, 396 seven- to nine-year-old boys watched either a violent or nonviolent film and then played indoor hockey. Researchers who did not know which film the boys had seen ③rating their aggressive acts during the game, looking for moves that are banned in hockey. These included elbowing, kneeing, and tripping opponents. Overall, the boys who saw the violent film ④were more aggressive.

29. 밑줄 친 부분 중 어법상 옳지 않은 것은? (2017 지방교육행정직)

From a neurological perspective, every time you encounter something new, your brain tries to record as ①much information as possible. Thousands of neurons are stimulated, which help code and store this information, ultimately ②caused you to feel and notice a lot. But as time goes on, the "new" experience becomes old, and your brain begins to use less and less energy ③to encode information—simply because it already knows it. If you drive to and from work every day, the drive isn't stimulating your brain ④nearly as much as the first time you took that route.

30. 다음 밑줄 친 부분에 들어갈 가장 적절한 표현은? (2018 국회 8급)

Most cases of emotional maladjustment are due to the fact that people will not accept themselves. They keep daydreaming about __________ if they had another's chance. And so, disregarding their own possibilities, they never make anything worthwhile out of themselves. Well, anybody can find sufficient cause to dislike their own lot. But the most stimulating successes in history have come from persons who, facing some kind of limitations and handicaps, took them as part of life's game and played splendidly in spite of them.

① the things they've done
② all the things they do
③ what had been done
④ what they would do
⑤ which would have done

정답과 해설

1	④	①번에서 advice는 셀 수 없는 명사이므로 부정관사 an은 사용할 수 없고 some advice 또는 a piece of advice로. ②번은 '많은 아버지의 친구들'의 의미를 나타내고 있지 못하다. 올바른 표현은 Many friends of my father's came to the meeting. ③번의 경우 insist 다음에는 on을 사용하여 insisted on running으로 수정.
2	③	③번 영어 문장의 의미는 '사업에 있어서 모든 것이 신용만큼 중요하다'이다. 즉 우리말 문장의 '없다'에 해당하는 부정의 의미를 담고 있지 않다. 올바른 표현은 Nothing in business is so important as credit. ②번은 (흔히들 양보절이라고 하는) '~임에도 불구하고'의 표현 방식을 묻는 것으로, as의 여러 의미(예~ 때문에, ~으로서, ~처럼, ~할 때 등)중에서 though 또는 although와 같은 뜻을 나타내고자 할 때는 '형용사+as+주어+동사'의 순서를 사용하는 것을 인식해야함. ④번의 A as well as B 구문에서 주어는 A이다. 즉 You가 주어이므로 are를 쓴 것은 올바름.
3	③	'~를 당연시 여기다'는 두 가지 구문으로 표현할 수 있다. 먼저 'it ~ to+동사원형' 구문을 사용하여 'it is easy to take them for granted'로. 그리고 they를 주어로 할 경우에는 'they are easy to take for granted'로 표현할 수 있다. 즉 to-부정사 이후의 목적어를 주어로 옮길 경우에는 다시 반복하여 사용하지 않는다. 이와 유사한 구문으로 다음을 들 수 있다: 'It is easy to please him. >> He is easy to please.' ②번의 'rather+동사원형 ... than 동사원형'도 유념해야 할 구문임.
4	④	가정법 과거완료 문장으로 원래는 'If they had followed my order'인데, 주어와 동사구의 도치가 가능하고 그 경우 if를 생략하므로 Had they followed my order로 변환. ①번에서 to는 전치사이므로 objects to being asked로 수정. ②번의 경우 문장 속에서는 직접의문문(즉 의문사+동사+주어)을 사용할 수 없고 간접의문문(의문사+주어+동사)을 사용해야 하므로 no idea where the nearest bank around here is로 수정. ③번에서 주어 Tom이 3인칭 단수이므로 was born으로 수정.
5	④	require, suggest, request, recommend, demand, insist, command와 같은 동사 다음에 오는 that-절에서는 주어나 시제와 상관없이 언제나 should+동사원형을 사용한다. 이 경우 should는 생략할 수 있다. 따라서 ④번의 경우 'The instructions require that we should not use a red pen'에서 should가 생략된 경우이다. ①번의 경우 news는 단수 명사이므로 the news that is로 수정. ②번의 경우 as soon as를 사용한 시간 부사절에서는 현재 시제를 사용하여 미래를 나타내므로 As soon as I get으로 수정. ③번에서 lay는 타동사이므로 Susan이 스스로 할 수 있는 행동을 나타내기 위해서는 lie down을 사용.

6	④	①번 문장의 의미는 '그녀는 적어도 그 만큼은 수영을 잘한다고 생각했다'이므로 동급 비교 구문인 as(so) ~ as를 사용하여 as(so) good a swimmer as로 수정해야한다. 이 표현에서, 두 번째 as는 접속사인 반면에, 처음 as(so)는 부사이므로 바로 명사를 수식할 수 없다. 즉 as a good swimmer는 틀린 표현이다. ②번에서 This phenomenon이 스스로를 설명할 수 없으므로 수동태를 사용해야한다. 따라서 has described는 has been described로 수정. ③번의 he had hardly never arrived 표현에서 hardly never는 이중 부정이므로 긍정의 의미를 지닌다. '거의 늦은 적이 없다'를 의미할 경우에는 he had hardly ever arrived로 수정해야함. ④번에서 주절의 동사 insist 경우, require, suggest, request, recommend, demand, command 등의 동사처럼 다음에 오는 that절에서는 주어나 시제와 상관없이 언제나 'should+동사원형'을 사용한다. 이 경우 should는 생략할 수 있다.
7	③	'벌금형에 처하다' 뜻의 동사는 fine이 적절. charge는 '고소/고발하다'를 의미. '술을 마신 상태에서'에 맞는 숙어는 'under the influence of alcohol'.
8	②	①번에는 세 군데의 오류가 있다. 첫째, 관계절의 시제 오류. 폭풍에 손상되기 전까지 10년 동안 살았던 집이므로 과거완료인 they had lived를 사용해야 함. 둘째, 전치사의 생략 오류. "~에 살다"의 올바른 표현은 'live in+장소'이므로 The house in which they had lived 또는 The house which they had lived in으로 해야 함. 셋째, 집이 손상되었다는 피동적인 행동이므로 수동태를 사용해야 함. 따라서 올바른 표현은 The house in which they had lived for 10 years was badly damaged by the storm. ③번 문장은 두 개의 절로 이루어져 있는데 이를 한 문장으로 만들기 위한 접속사가 없다. 의미적으로 볼 때 두 번째 절은 결과를 나타내는 so (that) 접속사로 시작해야함. 또 하나의 오류는 첫 번째 절에서 left는 명사의 상태를 나타내지 동사의 상태를 나타내는 것이 아니므로 nothing left to eat로 수정. ④번에서 enough는 형용사 뒤에 사용하므로 fortunate enough로 수정. 그리고 관계 대명사 that은 비제한적인 관계절에서는 사용할 수 없으므로 which로 대치.
9	③	①번은 동급 비교를 나타내기 위해서 as intimately as로 수정. ②번에서 company는 현대에 들어서는 동사로 쓰이지 않고 고어에서 '~와 어울리다'라는 의미로 쓰였다. 비록 이 문장 자체의 의미가 명확하지는 않지만 '우리와 함께 가기를 원하지 않았다'를 의도한 것으로 추론할 경우에 accompany로 수정. 그리고 'insisted on me going'에서 me 대신에 my로 수정해야 한다고 생각하는 경우가 많으나 동명사의 주어로 소유격(격식 있는 영어에서 선호함)과 목적격을 둘 다 사용할 수 있다. ④번에서 sugar는 셀 수 없으므로 number를 amount로 수정.
10	①	①번의 'A 하고 나서 B 하다'에 맞는 구문은 'not B until A'이므로 I didn't realize I had lost my wallet until he called me로 수정. ②번의 'the moment'는 '~하자마자' 뜻을 지니며 접속사 역할을 수행.

11	⑤	⑤번에서 'every ~ not'은 '모두 ~하는 것은 아니다' 의미를 지닌 부분부정 표현이다. 전체부정인 '그 어떤 것도 ~를 하지 못하다'를 표현하기 위해서는 'No+주어+동사'의 구문을 사용 한다: No centrally planned economy has managed the transition to the market economy. ①번의 we have had이하는 앞의 선행사(the unusually long spell of dry weather)를 수식하는 관계절로 had의 목적어에 해당하는 관계 대명사 that 또는 which가 생략된 경우임. ②번은 demand 다음의 that절에서 주어의 수 그리고 시제와 상관없이 동사원형(change)을 사용하는 규칙을 따름. ③번에서 'see to it that ~'은 '~를 하도록 하다' 뜻의 숙어 표현임.
12	②	①번의 구문 'no more A than B'는 'B가 아닌 것처럼 A도 아니다'의 뜻을 지니고 있다. 따라서 주어진 영어 문장의 경우 '학교 교육이 중요하지 않은 것처럼 부모의 지도도 중요하지 않다'로 한글 표현과는 전혀 다른 의미이다. 올바른 번역은 'Parental guidance is as important as school education.' 또는 'Parental guidance is no less important than school education.'으로 해야 한다. ③번의 경우 아동들을 도와주었다는 의미를 나타내기 위해서는 helped의 목적어가 아동들이 되어야 한다. 따라서 'helped children escape'으로 수정. ④번의 올바른 표현은 'children with learning disability'이다.
13	③	suggest 다음에는 that-절 또는 V-ing만이 가능하며 '목적어+to+동사원형'은 사용하지 않는다. ②번 문장의 의미는 '비록 Tim이 너의 친구이긴 하지만 다른 사람의 돈을 그에게 믿고 맡겨서는 안 된다' 뜻이다. ④번의 'have an objection to make'는 '반대하다' 뜻의 숙어임.
14	②	'~에 익숙하다' 뜻의 be used to에서 to는 전치사이므로 다음에 명사나 V-ing를 사용하므로 ②번은 올바른 문장이다. ①번에서 little은 부정의 뜻이므로 takes little은 시간이 걸리지 않는다는 의미이다: a little로 수정. ③번에서 too ~ to 용법에서 주어와 동일한 목적어는 반복하지 않으므로 answer 다음의 it을 생략해야 한다. ④번의 우리말 표현은 영어로 옮길 때 tire를 자동사 또는 타동사로 사용할 수 있다. 자동사로 사용하면 'I tired after too many hours of hard work.'그리고 타동사로서는 'Too many hours of hard work tired me.'로 표현할 수 있다.
15	④	④번에서 '~는 말할 것도 없고'의 적절한 표현은 'not to mention'이므로 not to mention an apology로 수정. still more의 뜻은 '더욱 더/더 한층.'
16	②	②번의 suggest 동사는 that-절 또는 V-ing를 목적어로 취하므로 올바름. ①번은 like swimming or walking으로. ③번의 관계절 'The dancer that I told you about her'는 관계 대명사로 대치된 her를 포함하고 있으므로 오류. her를 생략해야 함.

		④번은 가정의 시점이 다른 두 사건을 표현하는 구문으로 If-절은 과거에 대한 가정, 주절은 현재의 상황에 대한 가정을 표현해야한다. 따라서 If-절은 가정법 과거완료, 주절은 가정법 과거를 사용하여 수정: If she had taken the medicine last night, she would be better today.
17	①	①번의 afford 다음에 올 수 있는 동사 표현의 목적어로는 'to+동사원형'을 사용하는 원칙을 따른 올바른 문장임. ②번은 be used to V-ing이므로 getting으로 수정. ③번의 문장 전체의 주어 the number는 단수 동사를 사용하므로 is로 수정. ④번은 일반동사인 supposes에 대한 부가의문문이므로 doesn't he로 수정.
18	①	㉠에 적절한 관계 대명사는 선행사가 사물이므로 that. ㉡에 적절한 전치사는 'provide somebody with something'이므로 with임. ㉢에 적절한 동사 표현은 'enable somebody to+동사원형'이므로 become이 맞음.
19	②	②번의 'take over'는 '떠맡다, 접수하다'를 의미하므로 틀린 영작임. 적절한 표현은 'to get rid of it'임. ④번에서 what이하는 be동사의 보어 역할을 하는 절임.
20	④	①번은 123rd stories high로 수정. ②번에서 drowned는 '이미 익사해버린'의 뜻이므로 '물에 빠진'의미를 지닌 drowning으로 수정. ③번에서 'bewildered'는 사람이 주어일 때 사용하는 형용사이다. 사물이나 사건이 주어일 때는 bewildering을 사용. ⑤번은 접속사나 관계절을 사용하지 않고 시제를 나타내는 본동사를 두 개 포함하고 있다(was belonging, was lost). 또한 belong은 진행형을 사용할 수 없는 동사이다. 따라서 이 두 오류를 관계절을 활용하여 수정하면 An expensive book which belonged to this club was lost.
21	①	①번의 neither이하의 도치는, 부정어가 절의 처음에 위치할 때 주어, 동사를 도치한다는 규칙을 따른 올바른 표현이다. ②번에서 in that이하는 선행사인 the sport를 수식하는 관계절이다. 그런데 관계 대명사 that은 전치사의 목적어 역할을 할 수 없으므로 in which로 수정 필요. ③번의 that절 이하의 내용은 역사상 있었던 사실이다. 역사상 사건은 오직 과거 시제만을 사용하므로 broke out으로 수정해야함. ④번에서 형용사 difficult의 경우, 사람이 주어일 때는 그 주어가 어려워하는 것이 아니라 제 3자가 어려워하는 의미를 지닌다. 예를 들어 'He is difficult to understand.'경우 그가 이해하기 어려워하는 것이 아니라 '그 사람은 참 이해하기 힘든 사람이다'의 의미이다. 따라서 ④번 문장의 'made scientists difficult' 의미는 '우리들이 과학자들을 ~하는 것이 어렵다' 의미이다. 그런데 문맥은 scientists들이 to-부정사 이하의 행동을 하는 것이 어렵다는 내용이다. 따라서 'made it difficult for scientists to determine'로 고쳐야 한다.

22	③	consider 다음에 오는 동사 형태의 목적어는 V-ing를 사용하므로 quitting이 맞음. '고발하다'에 맞는 표현은 'accuse ~ of'임. 사람이 주어일 때 느끼는 감정을 나타낼 때는 –ed 형태를 사용하므로 embarrassed가 적합.
23	③	①번에서 '~을 인식하는'에 맞는 숙어는 'be cognizant of'임. ②번 형용사인 great를 강조하는 표현으로는 so를 사용해야함. such 다음에는 명사구 사용. ④번의 extremely toxic chemicals는 스스로 release할 수 없으므로 수동태인 released로 수정.
24	②	'~에 스스로 눕다'에 맞는 동사는 lie이며 과거형은 lay이므로 ㉡은 적절함. ㉠은 made의 목적격 보어로서 형용사를 사용해야함: happily > happy. ㉢의 경우, 시간을 나타내는 부사절에서는 현재 시제로서 미래를 표현하는 원칙을 위반함: will retire > retires. ㉣의 관계 부사 where는 전치사까지 포함할 때 사용(where = in which)하므로 전치사를 이중으로 사용한 오류가 있음. 따라서 which로 바꾸어야 함.
25	①	②번의 '~인체 하다'에 맞는 표현은 'make believe that-절'이므로 it을 생략해야 함. ③번의 look forward to에서 to는 전치사이므로 go를 명사형인 going으로 수정. ④번에서 '재미있는'것의 주체가 사물이므로 interested 대신에 interesting으로.
26	②	(A)칸 이후의 절에서 we perceive의 목적어가 생략되어있는 것으로 볼 때 다음과 같은 관계절이 변환된 결과이다: organize the thing which we perceive > organize what we perceive. (B)칸은 동사인 read를 수식하는 표현이 필요하므로 부사 differently가 올바름.
27	④	④번 rode이하는 a young man을 수식하는 관계절이 되어야 글의 흐름에 맞다. 따라서 a young man who was riding으로 하거나, who was는 생략할 수 있으므로 a young man riding으로 수정해야 한다. ③번의 경우 주어가 text messages가 아니라 Sending text messages(문자를 보낸다는 것)이므로 동사 is는 적절함.
28	③	'Researchers who did not know which film the boys had seen ③rating their aggressive acts during the game' 구문에서 'who did not know which film the boys had seen'은 선행사 researchers를 수식하는 관계절이다. 따라서 rating은 본동사의 역할을 할 수 있는(즉, 시제와 수를 나타낼 수 있는) rated로 바꾸어야 한다. 한편, which film the boys had seen은 know의 목적어 역할을 하는 간접의문문으로 which는 film를 수식하는 의문형용사이다.

29	②	②번 문장의 'Thousands of neurons are stimulated' 절에서 본동사 stimulated가 사용되고 있다. 따라서 ultimately이하의 절에서는 '접속사+주어+동사 구문'을 사용하지 않고는 본동사를 사용할 수가 없다. 접속사를 사용하지 않고(즉, 본동사의 형태를 사용하지 않으면서) 해결하는 방법으로, 분사구문을 활용하면 올바른 표현이 된다. 즉, ultimately causing으로 수정 필요.
30	④	빈 칸이 있는 문장의 내용 흐름에 가장 적절한 의미는 다음과 같다: '그들이 다른 사람이 가진 기회를 가진다면, 무엇을 할 수 있을지에 대해 꿈꾸곤 한다.' 즉, if절 이하는 '현재는 가지고 있지 못한 기회를 가진다면'을 의미하는 가정법 과거 문장이다. 따라서 전치사 about의 목적어 역할을 하는 절로, 가정법 주절이 와야 한다: what they would do가 정답.

김경석

(현) 경기대학교 영어영문학과 교수
고려대학교 영어교육과 학사
University of Illinois at Urbana-Champaign 영어교육학 석사
University of Pennsylvania 교육언어학 박사

한국영어교육학회 부회장
대학수학능력시험 출제위원
중등교사 임용시험 출제위원
외무고시 2차 시험 출제위원
기술고시, 지방고시 시험위원
경찰대학교 1차 시험 출제위원
국비유학생 선발 1차 시험 출제위원
국가직 7급 공채시험 출제위원
국가직 9급 공채시험 출제위원
지방직 7급 공채시험 출제위원
지방직 9급 공채시험 출제위원
경찰공무원 채용시험 출제위원
부산시 공무원 임용시험 출제위원
경기도 지방공무원 임용시험 출제위원
국가영어능력시험 출제위원

영문법 독립 형용사, 부사, 전치사, 문장구성, 접속사

초판 1쇄 발행 _ 2019년 7월 8일

저　자 · 김 경 석
발행인 · 정 현 걸
발　행 · 신 아 사
인　쇄 · 대명프린팅
주　소 · 서울특별시 은평구 통일로 59길 4 (2층)
전　화 · (02) 382-6411　팩스 · (02) 382-6401
홈페이지 · www.shinasa.co.kr
E-mail · shinasa@daum.net
출판등록 · 1956년 1월 5일 (제 9-52호)

ISBN 978-89-8396-342-0 (93740)

정가 13,000원